I0778492

QUE LAS CIRCUNSTANCIAS NO NOS PILLEN DESPREVENIDOS... OTRA VEZ

Cómo vivir vidas plenas por encima de la incertidumbre

LIDIA MARTÍN TORRALBA

Segunda edición: Agosto 2020

Revisión y corrección: Rut Martín Martínez

ISBN: 9798667987420

ANTES DE EMPEZAR...

En medio de todo lo que estamos viviendo en la pandemia,
y en la lucha por adaptarnos a una nueva normalidad,
este es un buen tiempo para la reflexión.

El libro que tienes entre las manos es un cuaderno de trabajo,
que te propongo abordar primero individualmente,
con papel, bolígrafo y un café al lado, si quieres,
y ha sido escrito desde la perspectiva de quien busca más allá
de la disciplina psicológica y de lo puramente humano,
para hacer una aproximación de fe, proponiéndonos
transitar el camino hacia una vida plena que esté
por encima de las circunstancias más adversas.

CONTENIDO

SON TIEMPOS DE INCERTIDUMBRE

Todo problema nuevo requiere soluciones nuevas.
Por eso no nos gusta el cambio.
Porque nos obliga a pensar.

Algunos problemas, sin embargo, son problemas antiguos
que requieren soluciones antiguas.
Pero esas tampoco nos agradan.

UNA HERRAMIENTA EN TUS MANOS

Empecé a escribir estas líneas casi dos meses después de aquel momento clave en que se estableció el confinamiento y el estado de alarma en España. Lo termino en medio de una nueva normalidad a la que no terminamos de acostumbrarnos. ¿Qué nos depara el futuro? No lo sabemos.

La localidad de Madrid donde vivo fue, además, el epicentro de la crisis, así que empezamos a sufrirlo quizá un poquito antes que el resto. Mientras han ido pasando las jornadas y hemos dejado atrás aparentemente los momentos más oscuros de la tragedia vivida hasta aquí, observo de cerca el proceso de desescalada hacia ese "nuevo normal" al que nos dirigimos y pienso que todavía queda mucho por hacer. Porque nada nos indica en este momento que esto sea un asunto acabado. Más bien empezamos a disfrutar de lo que significa un periodo interguerras, pero sabiendo que, muy probablemente, las curvas pueden volver a presentarse en cualquier momento.

Desde la perspectiva que da el tiempo y el recorrido hecho, entonces, desde este "stop forzoso" al que nos hemos visto obligados por el encierro y el nuevo ajuste al que nos lleva la desescalada, creo que haremos bien en prepararnos. Es lo que indica el sentido común, creo. En el mejor de los casos, incluso si se encuentra solución al asunto del COVID-19 que tanto nos acapara hoy, seguiremos enfrentando también otras situaciones de tremendo dolor, inestabilidad y sufrimiento, porque esto ha dejado a su paso mucho y difícil de gestionar. Así que, con la convicción de que esta no será la última crisis que vivamos, es que quiero proponerte un ejercicio de reflexión juntos, aunque sea en la distancia. La intención principal: considerar que podemos vivir de otra forma y evitar que esto nos vuelva a pillar desprevenidos. Toca prepararse en los momentos en que enfrentamos cierta calma. Hacer balance hasta aquí y enfocar el futuro próximo y no tan próximo.

Lo hago, entonces, poniendo en tus manos este cuadernillo de trabajo personal que, espero, pueda servirte en medio de esta y otras crisis en tu vida. Podríamos darle en estas páginas el protagonismo al sufrimiento y al dolor, que tan fácilmente acaparan nuestras atenciones por razones obvias. Pero en estas líneas quiero, sobre todo, hablar de esperanza, de gozo y paz casi incomprensibles en un momento oscuro como ningún otro que hayamos vivido en esta generación de una forma tan global, y hacerlo, además, siguiendo un proceso expositivo, desde el caos a la salida.

Nadie ha quedado fuera de esta crisis, por lo que este ejercicio se hace relevante para todos. Y no ha de ser, sin más, un material de lectura (aunque puede serlo), sino un material de trabajo. Este es uno esos ejercicios en los que, creo, hacen falta papel y bolígrafo, para aterrizar estas cosas en el día a día de cada uno, que es diferente completamente, y para poder ordenar nuestros pensamientos y emociones al respecto. Ese desorden en abstracto es el que está trayendo buena parte del dolor emocional que tantas personas están sufriendo estos días. No es el único, desde luego, pero es uno muy importante, porque no han podido recolocar las reacciones que están teniendo hacia lo que sucede fuera y dentro de sus vidas. Quizás este es un buen momento.

Escribir tus respuestas a las preguntas y añadir tus propias inquietudes, dudas y conclusiones, te ayudará a poner en coherencia los razonamientos, las preocupaciones e incertidumbres que esto te genere. Es muy posible que te obligues a tener que ordenar antes de poder escribir, porque no podrás contar en palabras lo que no hayas entendido antes. ¡Pero eso es genial! ¡Es justo lo que necesitamos en medio del caos: orden! Y si además te comprometes a que esto sea una estrategia habitual en ti, la de escribir cuando tengas que ordenar ideas, te evitarás estar rumiando una y otra vez lo mismo, porque seguramente no quieras escribir muchas veces la misma cosa. Interesante catarsis la que permiten las palabras, ¿verdad? Porque esto no es solo un libro para recibir palabras. Es un cuaderno donde volcarlas.

Lo vivido en la pandemia, recuerda esto, es solo el escenario para haber planteado esta reflexión, pero no se aplica solo a estos días, sino a cualquier momento de caos al que nos enfrentamos en la vida. Ese caos es como una especie de ruido de fondo que en momentos termina alcanzándonos y, a veces, absorbiéndonos. Lejos de centrarnos en el coronavirus y su contexto, *per se*, lo que quiero es reflexionar contigo la historia que estamos viviendo frente a él y lo que estamos aprendiendo en medio de ella, de cara a lo que pueda llegar en el futuro. Como mínimo, más pronto o tarde tendremos que enfrentarnos a la estadística que nunca falla: la muerte. Y eso requiere, aunque no esté de moda, una reflexión en serio.

Como vengo haciendo desde hace años, una parte de mi análisis acerca de lo que veo y vivo lo haré desde la disciplina que estudié, la psicología. Pero debo decirte que para mí no es la única, ni la más importante de las visiones de este asunto que nos ocupa. Hay muchas otras formas de hacer este ejercicio, pero me importan principalmente dos. Una tiene que ver con la visión puramente humana. La otra, con una trascendente y espiritual. Hay cosas en el ser humano y en el mundo que solo se perciben de esa segunda forma, y la ciencia no puede abarcarlas. Así que sigo optando por escuchar lo que la ciencia puede contarme, sin duda, pero sin conformarme solo con lo que el método científico puede medir. De esa manera, como cristiana que soy psicóloga y como psicóloga que también soy cristiana, te hablaré desde el corazón mismo de lo que vivo. Por eso, quizás, este es un texto tan personal. Pongo aquí lo mejor que puedo compartir contigo y deseo que pueda aportar algo de valor para ti también, aunque no sea el análisis más común, ni te identifiques en todo.

Como anexo a este documento, he incluido un texto complementario que te animo a que leas. Es la carta de Pablo a sus amigos y hermanos los filipenses en uno de los peores momentos de su vida y voy a apelar a ella muchas veces en este cuadernillo, porque me está desafiando de manera increíble en este tiempo. Está presentado en un lenguaje actual y sencillo de seguir, así que no te asustes si no estás familiarizado con el lenguaje bíblico. Si no eres seguidor de Jesús, como documento histórico, como poco, no tiene desperdicio, así que te animo a leerlo también, por supuesto. Y si eres cristiano y lo has leído mil veces, te animo a aproximarte de nuevo con otros ojos, porque como sabes la Biblia es un documento dinámico que trae riqueza nueva con cada aproximación. Puedes leerlo antes de empezar el cuadernillo, para tener al menos una noción, o puedes incorporarlo conforme voy haciendo menciones en el texto. Pero, en cualquier caso, sería genial que lo hayas podido leer una o varias veces para cuando hayas terminado esta reflexión que iniciamos ahora.

Si no eres cristiano, ante muchas de mis consideraciones seguramente no compartas la misma perspectiva y cuento con ello, pero no dejes de andar este camino conmigo por eso, por favor. Hacen falta más espacios de encuentro y diálogo entre nosotros. Creo que la conversación que este ejercicio propicia tiene sentido igualmente aunque pensemos diferente. En algunas cosas, por otro lado, seguramente estaremos de acuerdo. De manera que eres igualmente bienvenido a este recorrido y te animo a que hagas, como suelo decir, lo mismo que cuando comemos: retira lo que no puedas comerte, pero no desprecies el plato entero por ello. Examinarlo todo y retener lo bueno es un gran principio para la vida.

Si, por otro lado, eres seguidor de Jesús como yo, algunas cosas puede que te hablen al corazón de una forma diferente a como las habías considerado antes. O simplemente te lleven a pensar sobre ellas de forma acompañada, lo cual creo que siempre ayuda. Puede que reafirmen tu convicción en alguna medida, quién sabe, o que este cuaderno pueda ser una herramienta que Dios use para traer algo bueno a tu vida ahora. Porque voy a fijarme en personas cuyas vidas tenían a Dios en un lugar sumamente relevante y nos inspiran a mirar, pensar y vivir diferente al verlas vivir y sufrir a ellas.

Así que, ya ves... tenemos mucho de qué hablar. Míralo de esta forma, entonces: una ventana abierta suele traer aire fresco y también perspectiva renovada, incluso aunque no te quieras quedar allí para siempre. En este tiempo de contener la respiración antes de salir a la calle y pensar todo dos veces antes de hacerlo, pararse y meditar es un asunto urgente, ¿no crees? Nada que perder, mucho por ganar.

Si mi propia reflexión puede ser de ayuda a otros, entre los que te incluyo, habré cumplido el propósito con el que empecé estas líneas. Yo misma, por otro lado y en cualquier caso, sigo buscando respuestas para mis preguntas y sorpresas en medio de todo esto que vivimos. El resultado tangible de este ejercicio mío en estos días, mejor o peor, lo tienes delante de ti en este momento. Quizá te haga surgir dudas y creo que esto es muy bueno, en un sentido, porque donde hay dudas hay curiosidad y posibilidades de aprendizaje y crecimiento. Ojalá nos ayude, nos rete, nos anime y, principalmente, nos oriente para encontrar una vida de calidad y abundancia real por encima de las circunstancias adversas, que no siempre avisan.

Comenzamos.

1
CAOS

Corremos el riesgo de dejarnos seducir rápidamente
por las nuevas libertades que la desescalada nos traiga,
y hacer demasiado rápido ese ejercicio al que somos
tan dados: el de olvidar pronto y seguir andando,
sin reflexionar, ni prever nada más,
como si esto hubiera acabado.

Madrid, 2 de mayo de 2020

Primer paseo en la calle con mi hija de catorce años desde que arrancó en España el estado de alarma, hace más de cincuenta días. Eso sí, uniformadas con mascarillas, guantes y con estricto control de las distancias de seguridad respecto al resto de los pocos mortales que nos hemos cruzado por la calle. La vida continúa aparentemente sin perturbarse, pero nada es igual. Solo lo parece.

Muchos alrededor de mí solo sobreviven, peleando por su salud tras el envite del virus. Aún tengo algún amigo en la unidad de cuidados intensivos. Bastantes más miran al futuro sabiendo que, por desempleo y crisis económica, esta va a ser una lucha sin cuartel y, aunque están decididos a enfrentarlo, lo hacen desde el miedo, normal por otra parte, en estos días. El problema es que la ansiedad ya convive con muchos de ellos; es uno más en casa porque el miedo se ha hecho incontrolable y están teniendo que aprender a manejarlo sobre la marcha y con recursos reducidos, porque todo el mundo está agotado.

En este momento mientras escribo, cerca de 30.000 españoles (como poco, porque los números siguen sin estar demasiado claros) no están con nosotros porque el coronavirus se los llevó por delante, con todo lo que eso trae de duelo y sufrimiento para los que quedan. Así que me sé privilegiada y parece casi irreverente disfrutarlo. Tensa calma...

Dos tareas son urgentes: mirar hacia lo que han sido estos días y, cómo no, asomarse con cuidado a los que se aproximan, porque no van a ser fáciles y vienen cargados de incertidumbre.

Corremos el riesgo de dejarnos seducir rápidamente por las nuevas libertades que la desescalada nos traiga, y hacer demasiado rápido ese ejercicio al que somos tan dados: el de olvidar pronto y seguir andando, sin reflexionar, ni prever nada más, como si esto hubiera acabado. Solo centrados en el disfrute que el aquí y ahora puedan traernos.

La cuestión es si nos lo podemos permitir, porque esto no se acaba con abordar el verano. Después del verano siempre llega el otoño y, tras el otoño, el invierno.

De un lado, los sin ley, los que ni tuvieron miedo, ni lo tendrán porque son temerarios. En el otro extremo, los que necesitan seguridad total, riesgo cero, para poder dar el siguiente paso. Y entre ambos polos, cada uno del resto, quizás tú y yo, valorando hacia cuál de los dos lados nos inclinamos más y estableciendo dónde deberíamos posicionarnos.

ALGUNAS PREGUNTAS PARA REFLEXIONAR:

- *¿Cómo resumirías en 5 frases cortas tu propia vivencia de lo que ha sido el tiempo de encierro por el COVID-19?*
- *¿Hacia cuál de los dos polos que se han mencionado ves que te inclinas más de manera natural? (No significa que estés en ellos, sino que tiendes más a ese comportamiento).*
- *¿En qué punto entre esos dos extremos te gustaría estar, después de lo que has vivido y de lo que observas alrededor?*

Mirar alrededor ha sido un ejercicio inevitable y casi deprimente en esos días de encierro. Todo hablaba de lo mismo y no había dónde huir. Era, sin embargo, necesario porque quizá llevábamos demasiado tiempo mirando solo hacia nosotros mismos en ese individualismo centrado en su placer que lo devora todo para su propio beneficio y que nos convierte en los humanos dudosos que a veces parecemos. Nos miramos poco a nosotros mismos para criticarnos, por un lado, y miramos rápidamente fuera para buscar culpables. El resultado es que no aprendemos nada, porque para aprender suele ser necesario reconocer que uno se ha equivocado.

La crisis por COVID-19 ha visibilizado mucho de todo eso y se lo ha llevado a un nivel exponencial. Hay reacciones solidarias y de valor, claro está. Solo tenemos que mirar hacia nuestros sanitarios y hacia otros que, por ayudar, se han expuesto una y otra vez al contagio. Pero, por cada una de esas acciones heroicas, hay muchas otras de clase más dudosa que muestran lo peor de nosotros, que es mucho, a la vista está. Las vimos cuando se intuía que se venía el encierro, las observamos durante el tiempo de cuarentena y las estamos viendo, de nuevo, cuando toca salir a la calle.

Los seres humanos, en este primer mundo nuestro del siglo XXI, somos, en base a esto y otras cosas, una especie bastante inmadura en general. Funcionamos al más puro estilo adolescente entradito en años que mira por sí mismo porque quiere ser mayor, claro, pero que echa responsabilidades fuera porque se aferra aún a sus derechos como niño. Quiere lo que le gusta: hacer lo que quiera de forma independiente. Desprecia y rechaza lo que le compromete a comportarse aplicando autocontrol y renuncia, porque resulta molesto.

El hombre y la mujer de hace un tiempo aquí, por tanto, tienen una forma cada vez más "elástica" de vivir la vida: máximo placer, mínima responsabilidad. Somos a veces como ternos adolescentes, yéndonos a una inmadurez cronificada como sociedad y no solo como individuos. Sucede así porque este es un fenómeno contagioso y atrayente que promete mucho sobre el papel, aunque luego da poco en la práctica.

Y así, justamente en medio de todo esto, es que la pandemia nos ha encontrado empantanados y hasta el cuello.

ALGUNAS PREGUNTAS PARA REFLEXIONAR:

- *Cuando miraste hacia fuera en los días de encierro, ¿qué viste? ¿Qué ves ahora?*
- *¿Cuál sería para ti una buena descripción de lo que ha estado sucediendo hasta aquí en medio de esta pandemia?*
- *La descripción que he compartido contigo sobre el hombre y la mujer de este tiempo en el primer mundo no tiene por qué coincidir con tu visión. ¿Cómo crees tú que somos? ¿En qué cosas coincides conmigo y en cuáles tienes una visión diferente?*

Tenemos un alto porcentaje de la población con características que asustan, especialmente estos días. Estas son solamente algunas de ellas:

- gente preocupada por el aburrimiento como si fuera el mayor de los problemas;

- con pocos recursos que no tengan forma de pantallas y botones, dependientes tecnológicos y con pocas habilidades sociales;
- consumidores compulsivos y exigentes, que esperan de otros lo que ellos mismos no dan;
- con escasa empatía por el dolor del prójimo, que solo incumbe cuando le salpica a sí mismo;
- que ridiculizan cualquier visión espiritual o trascendental de la vida que cualquier otro pueda tener, porque hoy no está de moda;
- con su vista puesta estrictamente en lo inmediato, sin medir consecuencias a medio y largo plazo, ni para ellos, ni para otros;
- con alto rechazo a reinventarse porque la comodidad nos ha tenido demasiado inactivos y en escasa creatividad durante los últimos años.

Este periodo de pandemia, por todo esto y varias cosas más, nos está mostrando lo que somos y cómo somos. Lo mejor de los que han madurado y lo peor de los que se resisten a hacerlo es lo que podemos ver en estos días. Todo el mundo no es igual, pero estamos descubriendo un número alarmante con una o varias de estas características, especialmente en las nuevas generaciones. En general, de hace un tiempo aquí, y al margen de edades, hemos vivido por demasiado tiempo para nuestro placer únicamente y no nos hemos entrenado lo suficiente en el arte de ser personas. Lo vemos especialmente en el escaso cuidado sobre niños y mayores, que están más y más desatendidos cuando lo comparamos con lo sucedido hace unas décadas, en que nuestro nivel de vida era inferior económicamente hablando, pero no era así en el ámbito humano.

Se vive desde lo material y por lo material, pensando solo en lo inmediato, buscando el placer con pocos escrúpulos. Y ahora, frente a la pandemia, nos hemos encontrado con muchas de las consecuencias que eso tiene, aunque estamos demasiado ciegos, parece, como para verlo con facilidad y conectar los puntos. Nos cuesta reconocer lo que no nos gusta ver, en definitiva. Sabemos que la humanidad debe hacer un cambio (esa es una de las frases más pronunciadas en la pandemia), pero ninguno terminamos de concretar cuál debe ser nuestro cambio a en el ámbito personal, porque pensamos que es el resto el que debe reorientar el rumbo. Eso es más visible aún ahora en la desescalada, en que parecemos estar afectados por una extraña clase de amnesia por la que se nos ha olvidado todo lo visto y vivido y ya el cambio no se nos antoja tan necesario. En esas condiciones, todo lo que nos venga volverá a encontrarnos desprevenidos, me temo.

ALGUNAS PREGUNTAS PARA REFLEXIONAR:

- *¿Cuáles han sido los gestos más positivos de personas que has observado en estos días y cómo te han impactado? ¿Cuáles han sido los más negativos y por qué?*
- *¿Qué valores positivos y negativos resaltarías de nosotros como sociedad hoy allá donde vives?¿Cuál de las dos columnas es más predominante según tu visión?*
- *¿Crees qué aprenderemos algunas lecciones importantes de esta pandemia?*
- *¿Cuáles crees que serán en el ámbito individual y qué otras en el colectivo?*

Nuestro lenguaje durante el encierro nos ha estado delatando. Y nuestros hechos en el tiempo de vuelta a una nueva normalidad, hablan y seguirán hablando por nosotros en esa misma dirección, poniendo en evidencia lo que somos.

Por poner solo algún ejemplo, en los primeros momentos no dejábamos de escuchar cuánto nos aburría la situación, por ejemplo, lo cual era totalmente irreverente al pensar en quienes estaban peleando (y siguen) con los efectos gigantes de la pandemia. El aburrimiento siempre fue, en el peor de los casos, solo un mal menor, pero a algunos parecía que les iba la vida en ello. Como es también un mal menor en este momento cuándo se podrá volver a disfrutar como antes de las terrazas o los restaurantes.

Nuestros hechos hablan más claro aún cuando nos deshacemos en aplausos hacia los sanitarios cada día a las 20 h desde nuestros balcones, lo cual es fácil, pero luego no somos capaces de respetar el espacio interpersonal, o ponernos una mascarilla, que es también fácil pero resulta más molesto. Nuestras prioridades, de nuevo, nos retratan. Necesitamos un cambio, pero no parecemos verlo.

Así que, otra vez y según parece, no nos miraremos críticamente y no seremos responsables de nada, al menos a corto plazo, hasta no haber sido zarandeados un poco más. No debe haber sido suficiente lo vivido, que nos exponemos de nuevo a enfrentarnos a un rebrote sin haber hecho antes cambios profundos. Demasiadas veces, ante nuestros ojos, solo somos víctimas que sufrimos, pero no somos verdugos. Sin embargo, la línea es fina y me temo que todos, en algún momento de nuestras vidas, estamos en ambos lados. En este tiempo es fácil estarlo, simplemente por no prestar atención a lo que se sigue viviendo y no ponernos a disposición del cambio.

Como sociedad del bienestar convertimos hace tiempo el *carpe diem* de "Aprovecha el momento" en un *carpe diem* que nos interesa mucho más y dice "Disfruta el momento".

La diferencia a simple vista parece sutil, pero no es pequeña en absoluto. Ahora el coronavirus nos zarandea. Estamos en desescalada, pero el asunto no está zanjado. En el futuro puede ser cualquier otra crisis, incluso si se resuelve la pandemia, porque nunca faltan momentos difíciles en nuestra existencia. Pero esta en particular nos ha encontrado completamente fuera de juego y desprevenidos. No sabemos medir lo que conviene en cada situación y muchos todavía se rebozan en quejas cargadas de irreverencia cuando lamentan superficialidades como el horror de no poder salir de vacaciones, lo molesto que es ponerse la mascarilla, o se preguntan, sin mucho decoro, cuándo podrán volver al cine o los restaurantes, como si lo que pasa alrededor tratara de eso realmente.

En otro nivel todavía más incomprensible, la circulación a todas horas de memes de dudoso gusto, el caos informativo en el que se ha colaborado impulsivamente sin filtrar, los chistes cargados de humor negro, junto con otras variadas "perlas" más, nos han retratado en estos días a jóvenes y no tan jóvenes. No sé, por otra parte, si nos atreveríamos a hacer estas apreciaciones y quejas frente a quienes, en estos días trágicos, han perdido a sus seres queridos, han vivido en sus carnes la pandemia o se han quedado sin trabajo. La cuestión es: si no podemos hablarlo frente a ellos, entonces, ¿a qué estamos jugando? ¿Dónde queda nuestra integridad en un momento tan difícil como este?

Sospecho que nuestros abuelos y bisabuelos, que vivieron guerras y pandemias en condiciones verdaderamente terribles de hambre, destrucción y muerte, no como las nuestras hoy, rodeándonos la tecnología y los avances médicos, no se quejarían por las mismas cosas. Seguramente nos considerarían, directamente, un atajo de superficiales. Quizá lo somos... ¿no crees?

La vida que anhelamos y echamos tanto de menos era una en la que el divertimento y la distracción estaban abiertos 24/7. Ahora que se ha echado el cierre temporalmente, nos damos cuenta de lo vacías que están nuestras existencias. O seguimos sin darnos cuenta, lo cual es mucho peor, porque nos condena a perpetuarnos en lo mismo, como si no tuviéramos capacidad de aprendizaje y desaprendizaje, algo tan básico y vital en el ser humano.

Si tenemos sensibilidad para percibir estas cosas, tendremos miedo. Mucho miedo de nosotros mismos y de aquello en lo que estamos convirtiéndonos (o que siempre fuimos, pero disfrazamos hasta que la situación se puso realmente fea y no pudimos disimular tan bien).

Poco acostumbrados como estamos a examinarnos, porque nos da miedo lo que podamos encontrar, descubrir estas cosas nos daña a primera vista. Pero debo decir que ese impacto no es malo, si lo usamos adecuadamente, porque es la única manera que tenemos de empezar a cambiar y comportarnos diferente. Mientras nos sigamos encantando a nosotros mismos nada cambiará. Hemos de reconocer el mal que hay en nosotros y cambiar de dentro hacia fuera, porque el cambio de fuera hacia dentro no es posible.

ALGUNAS PREGUNTAS PARA REFLEXIONAR:

- *¿Puedes intentar matizar qué diferencias hay entre la visión de "Disfrutar el momento" o "Aprovechar el momento"? ¿Son iguales para ti?*

- *¿Piensas que, en alguna medida, llevamos una especie de "doble vida" entre lo que hacemos y decimos a espaldas de los que más están sufriendo esta crisis y lo que seríamos capaces de mostrar delante de ellos?*

- *¿Qué papel juegan el disfrute, por una parte, y las personas, por otro, en nuestra sociedad moderna?*

Esta es la situación que tenemos por delante ahora mismo, mientras no haya una solución definitiva para el coronavirus, aunque la desescalada pueda volver a confundirnos haciéndonos olvidar demasiado rápido:

- Se solapan las historias de tragedia y, aunque las cifras de muertos y contagios diarios han descendido, no disminuye aún el dolor por los que ya no están y por los que quedan en pésimas condiciones. La nueva normalidad no ha llegado para todos, ni de la misma manera.

- En lo psicológico, no sabemos a ciencia cierta augurar lo que vendrá. A algunas personas esta situación les está ayudando positivamente a recolocar antiguos malestares y esto les ha servido para mucho, aunque no sin una factura de dolor. Pero todo está por ver porque, posiblemente, para otras personas lo peor está por llegar, como ya empieza a evidenciarse por lo que veo en la consulta en la que atiendo. Se les acumulan los duelos y les falta el tiempo y las fuerzas para abordarlos. Algunos de los cuadros son más complicados debido a todo esto, que es nuevo para todos, y seguramente aún no hemos empezado a procesarlo de verdad, por lo que hemos de estar alerta e ir reaccionando conforme la realidad nos va trayendo muestras de qué tenemos entre manos.

- Corremos el serio riesgo, por otro lado, de que la nueva comodidad que trae la desescalada y el recuperar ciertos espacios nos distraiga de hacer lo que hay que hacer y que dejemos la tarea a medias. El cambio de fondo del que hablábamos hace unas semanas cuando los hospitales estaban masificados sigue siendo necesario, y haremos bien en no olvidarlo, si queremos estar preparados para nuevas crisis por llegar.

- Lo laboral y económico son una gran incógnita para muchas familias que han visto evaporarse de un día a otro su estabilidad. La incertidumbre se ha instalado en sus casas y la indefensión y desesperación son sus sentimientos de más arraigo en este momento. Toca reinventarse y eso son palabras mayores en una época en la que los puntos de referencia son escasos porque hemos decidido cambiar los valores sólidos para que todo fluya.

Ver este grado de sufrimiento alrededor tiene que remover nuestras emociones y hacernos sentir mal en alguna medida. Ser humano implica esto. Pero no nos gusta y lo evadimos. Como nos horroriza sufrir, pensamos que el dolor o el miedo son peligrosos y huimos en dirección contraria cada vez que podemos.

Pero lo realmente peligroso en este momento es que no nos duela nada, que nos duela solo lo nuestro, en el mejor de los casos, y que no miremos con fuerte inquietud lo que está pasando y queda por llegar. Eso sí deberíamos temerlo.

No quiero invitar entonces a una ansiedad vacía de contenido, a un miedo que nos paralice, sino a temer lo que siempre debimos haber temido: el deshumanizarnos por el camino y que no haya nada lo suficientemente tremendo, ni siquiera esto, como para obligarnos a replantearnos las cosas.

¿Hablo desde el catastrofismo? ¡Para nada! Esto es una simple cuestión de prevención, una invitación a mirar dentro y ser críticos con nosotros, aunque nos dé miedo vernos como somos. Reconozcamos que todo esto nos pilló fuera de juego, con poco entrenamiento a las espaldas. Sepamos ver que lo pudimos hacer mucho mejor desde el principio, desde las más altas instancias hasta las más bajas, las de cada uno en su individualidad, desde los congresos y parlamentos a los supermercados. Enfrentémonos al miedo que nos da ver lo que somos y cómo nos comportamos a veces. Azucemos nuestras conciencias adormecidas y hagámonos la pregunta en serio de "Para mejorar este mundo, ¿qué debo cambiar yo para que podamos enfrentar provechosamente lo que venga por delante?".

Ahora se avecinan tiempos inciertos, de muchas dudas en lo económico y social, además de en el plano de la salud. El tiempo del "no cambio", si es que alguna vez existió, se ha ido para no volver y la inseguridad es nuestra compañera de viaje, querámoslo o no.

Ya hemos descubierto que la enfermedad y la muerte, de las que no nos gustaba nada hablar y sigue sin gustarnos, están mucho más cerca de lo que pensábamos. Y eso obliga a tener que hacer balance sin mucha más tardanza.

Podemos meter la cabeza en la tierra o intentar anestesiarnos con momentos de aparente felicidad, como los que nos trae la nueva normalidad. Pero nos falta el gozo de saber a dónde agarrarnos con seguridad si solo nos basamos en lo que vemos a simple vista. Lo que hoy está, mañana no está. Por eso sigo mirando y quiero trascender lo que se observa de cerca. Porque, a golpe de pájaro, si miramos un poco más allá de lo inmediato que nos trae la desescalada, sigue habiendo caos. El caos de la incertidumbre.

Vivir la vida incluye complicaciones y circunstancias adversas frente a las que necesitamos referencias, y los pocos rayos de luz o escasos destellos que contemplo desde el punto de vista humano, no resultan esa luz despampanante que invita a acercarse más porque promete y puede cumplir. Tiene que haber referencias sólidas a las que apelar para que nuestra plenitud no dependa de las circunstancias.

ALGUNAS PREGUNTAS PARA REFLEXIONAR:

- *¿Te ha sucedido alguna vez que el miedo te ayude en alguna medida? (Por ejemplo, afinando tus sentidos ante una situación compleja).*
- *¿Cuáles crees que podrían ser buenos usos del miedo para tener en cuenta en medio de esta crisis que vivimos?*
- *Antes comentaba que una de las cosas más preocupantes de este tiempo es que no sintamos malestar ante lo que está sucediendo, y cierto nivel de miedo también. ¿Por qué crees que es tan importante esto? ¿Qué dicen de nosotros esa falta de reacción ante esta crisis o nuestras reacciones más desafortunadas?*

Vivir siempre fue complejo. Ahora es inquietante, profundamente extraño. Y no tenemos otro mundo, como para poder huir; solo este. Así que, aunque con incertidumbre, nos reinventamos como podemos, con dificultades y mucho escepticismo, rindiéndonos a ratos y recomponiéndonos a otros, poniendo buena cara si se puede y abordando el asunto minuto a minuto, porque no queda otra opción.

Ya hemos podido darnos cuenta de que planificar "a secas" no sirve de gran cosa como forma de tranquilizarnos, ya que los acontecimientos varían de minuto a minuto, con muy rápida fecha de caducidad. Lo que hoy es relevante, mañana ya no tiene sentido. Las noticias así nos lo muestran: la actualidad se mueve a más velocidad que nunca y nuestros sentidos casi no dan abasto para gestionar toda esa información y filtrarla para tomar decisiones.

Nos debatimos entre atenderlo todo, por un lado (fue lo que hicimos en las primeras semanas de la crisis) o, como segunda opción, escoger bien y dosificarnos (lo que seguimos aprendiendo a hacer, me temo). El agotamiento por el ejercicio mental de todo lo que significa manejar esto nos deja exhaustos y es tentador volver a la anestesia en la que hace no tanto vivíamos. "Éramos tan felices..." –nos decimos. En ese letargo y rodeados de bienestar y aparente seguridad, podíamos permitirnos no pensar. Pero ahora, ¿quién puede permitírselo?

Este, sin embargo, no es el final de la historia. El caos ha sido el detonante y el modulador de muchas de las novedades que hemos tenido que introducir en nuestras vidas en estas semanas. Seguirá teniendo un papel relevante en nuestras vidas, me temo, porque esto no ha terminado. Pero hay otras realidades aparte de la del caos por coronavirus y es urgente que empecemos a verlas. Algunas siempre estuvieron ahí, pero nunca se hicieron visibles como ahora.

La propia situación adversa que vivimos puede ayudarnos a verlas si somos suficientemente sensibles a ello. Hay también, por tanto, esperanzas que van más allá de que la normalidad vuelva más o menos como la conocíamos y esta crisis puede ser el trampolín perfecto para catapultarnos en direcciones mucho mejores a la que teníamos antes de que llegara.

Nadie sabe qué deparará el futuro. Pero escribo este texto porque no quiero depender de lo que suceda fuera solamente, o de que esta crisis por COVID-19 desaparezca para no volver. Quiero aspirar a algo más, incluso en medio del caos. Deseo una transformación interna al margen de las circunstancias. Quiero ser capaz de sobrevolar la tormenta, de tener una vida de plenitud que no dependa de las circunstancias del momento. Porque llegarán otros caos diferentes a nuestras vidas, aunque no se llamen coronavirus, y tendremos que plantearnos cosas muy similares.

Dicho de otra forma, quiero adelantar la recuperación, favorecer el crecimiento y el sentido de esperanza, incluso al margen de que la situación mejore fuera. Deseo que ahí, más allá de mi ventana, haya cambios a mejor, pero no quiero que esto me condicione, en definitiva, porque no queda bajo mi control, ni lo estará jamás. Me gustaría, entonces, ser más libre de las circunstancias. Así que la gran pregunta que me hago, aunque verás que no es la única, es: ¿Esperamos a que pase el caos, o empezamos a vivir de otra manera, aunque estemos aún en medio de él?

ALGUNAS PREGUNTAS PARA REFLEXIONAR:

- *¿Qué ha sido más difícil para ti en el tiempo de confinamiento y qué te está costando más en la incorporación a una nueva normalidad?*
- *Esta crisis por COVID-19, ¿qué cosas ha detonado en tu vida? ¿Cuáles han empezado a funcionar de otra forma y, por tanto, están siendo moduladas por ella? (Piensa, por ejemplo, en cosas que antes hacías y ahora no, y en cosas que has dejado de hacer aunque antes estaban).*
- *¿Para qué cosas está siendo esta crisis una especie de trampolín en tu vida?*

2
PREGUNTAS

La enfermedad y la muerte se han hecho más palpables
que nunca y no han pedido permiso para
instalarse cerca de todos nosotros.
Hay que enfrentarse y hacerlo de cara.
Pura supervivencia.
Toca hacernos preguntas y buscar respuestas.

Como mujer de fe y mujer de ciencia, me hago muchas preguntas. Es posible que demasiadas, lo admito. Y no siempre tengo respuestas. Pero te comparto algunas ideas que estoy rumiando en estos días especialmente, porque estoy convencida de que algo tiene que cambiar en nosotros y no solo en la situación. Es más, puede que la situación no cambie, pero ¿cambiaremos nosotros?

No anticipo un cambio en la humanidad, así en general, por esta pandemia. Tengo poca esperanza en los cambios colectivos, la verdad. A los hechos me remito. Pero sí creo en el cambio individual cuando las personas hacemos lo que debemos: enfrentarnos a lo que no nos gusta, a esos fantasmas de los que normalmente huimos y cuando nos mantenemos abordándolos el suficiente tiempo, a pesar del malestar que nos producen, como para buscar y encontrar lo que necesitamos modificar. Si buscamos en la dirección correcta y somos consistentes en la tarea, pasan cosas increíbles.

Este es el momento para eso. Uno mucho mejor, por cierto, que cualquiera de los que vivimos cuando todo nos va aparentemente bien y no creemos necesitar nada más que disfrutar lo que tenemos. Cuando las cosas funcionan, no existe más que el presente para nosotros y las cuestiones trascendentales no nos interesan especialmente. Pero esa actitud, frente a una pandemia como esta, ya no es útil, porque la enfermedad y la muerte se han hecho más palpables que nunca y no han pedido permiso para instalarse cerca de todos nosotros. Hay que enfrentarse y hacerlo de cara. Pura supervivencia. Toca hacernos preguntas y buscar respuestas.

Hasta que se nos presentó el coronavirus, instalados en una especie de ilusión de invulnerabilidad y longevidad, esto eran cuestiones para más tarde. Nos encanta el "para siempre", pero era una gran mentira que nos habíamos creído. El "mejor para después", sin embargo, ha dejado de existir. Ya no hay hacia donde mirar que no esté salpicado de una forma u otra de este cambio de fondo.

No es posible anestesiarse haciendo como que esto no pasa. No queda tanta distracción, ni podemos entrar en un centro comercial a saldar nuestra ansiedad con compras o en restaurantes. La antigua normalidad no existe. La nueva es un sucedáneo lejano de aquella que no va a volver. Tampoco podemos desfogarnos haciendo el deporte que hacíamos antes, o charlando sin pantallas o mascarillas de por medio. El confinamiento ha absorbido muchas de nuestras fuerzas y, por el desgaste, tenemos la capacidad de inventiva bajo mínimos. Así que, incluso cuando nos permitimos hacer como que no pasa nada, en el fondo sabemos que sigue pasando mucho a nuestro alrededor. Y que tenemos cuestiones que resolver.

ALGUNAS PREGUNTAS PARA REFLEXIONAR:

- *¿Eres una de esas personas que se hace muchas preguntas? ¿O eres, por el contrario, de los que prefieren no pensar muy profundamente sobre ciertas cosas para no sufrir?*
- *¿Cuáles son los temas que más te inquietan ahora mismo?*
- *¿Crees que hay cosas sobre las que debemos reflexionar en esta pandemia? ¿Cuáles, según tu opinión?*

Las puertas de huida a las que normalmente apelábamos antes de la pandemia están cerradas y la incertidumbre trae a nosotros dos elementos con los que nos llevamos terriblemente mal: el silencio y la oscuridad.

Enfrentamos una especie de silencio profundo porque nadie tiene respuestas definitivas frente a esto. La velocidad a la que estábamos acostumbrados antes hacía mucho ruido. Parar, sin embargo, nos obligó, al menos por unos días, a un cierto nivel de silencio. Pero rápidamente hemos sustituido un ruido por otro.

El que tenemos ahora es el de una nueva velocidad vestida de confinamiento y desescalada, cargada de opiniones que se cruzan y de incertidumbres de las que hablar a todas horas. Escuchamos opiniones de todo tipo, porque opinar es gratis, muchas de ellas de algún que otro atrevido, que desde la ignorancia se carga de razones y sienta cátedra al hacerlo.

También escuchamos a los que lanzan discursos llenos de promesas, pero no tardamos en ver la "patita" de su interés propio por debajo de la puerta... y así, en un despropósito tras otro que, en el mejor de los casos, entretiene mucho pero que, verdaderamente, resuelve poco.

¿Encontraremos una voz que realmente nos oriente y nos guíe hacia un puerto seguro en medio de la tormenta? ¿Existen más voces aparte de las que simplemente producen ruido, una de esas que, cuando habla, traiga un silencio de verdadera calma y no de tensa inquietud?

Enfrentamos gran oscuridad también porque el futuro se presenta incierto y, por tanto, sin las seguridades que creíamos tener. No se ve aún luz al final de este túnel, no sabemos cuán largo será ni qué otras curvas nos depara pero, en medio de la desescalada en la que estamos, a algunos fácilmente se les va olvidando dónde nos encontramos. Nos hace falta poco *atrezo*, parece, para confundir el túnel con un espacio abierto de libertad.

No obstante, si somos honestos, reconoceremos que esas cosas que nos permitían vivir y dormir tranquilos en la antigua normalidad, aunque solo fuera desde la ignorancia, no se ven ya. Todo ha cambiado. Si existen y perduran, aparecen apartadas de nuestra vista hasta nueva orden y lo que tenemos de ellas es solo una sombra. Ya no resplandecen, ni nos atrapan tanto como antes porque están limitadas y reducidas a lo que la nueva normalidad permite.

Por esto, tanta gente se desespera por volver cuanto antes a la normalidad que conocían. Es lo que tienen las luces decorativas: que distraen mucho aunque alumbren escasamente y nos convencen, en cierta medida, haciéndonos verdaderos adictos de su luz tintineante, hasta el punto de no poder tener vidas plenas si no es con aquello que perdimos y creíamos la luz de nuestra vida. El mundo ha venido acumulando oscuridad con el paso de los años y las luces a las que se ha venido aferrando son del todo artificiales. Nos entretenían las decoraciones alrededor, pero ahora están desaparecidas porque el virus y la destrucción a su paso se lo han comido todo. En la desescalada, algunas de ellas luchan por volver a salir a flote. La cuestión es si dejaremos que vuelvan a seducirnos o buscaremos una luz que nos alumbre en los tiempos malos y no solo en los buenos.

No entrenarnos para los momentos oscuros nos ha hecho encontrarnos completamente desvalidos en esta situación de silencio y oscuridad. Solo nos quedan las luces de nuestros dispositivos y pantallas, a los que nos hemos entregado sin cuartel en estos días complejos, no sabemos si como fruto de la desesperación, o para huir de todo esto.

Pero todo cansa y nada llena. Solo son soluciones cosméticas que nos duran un rato, en el mejor de los casos. Al poco, notamos que estamos igual o peor que al principio.

Llegados a este punto podemos, o bien entrar en pánico, o bien hacernos preguntas. Quedarnos en no hacer nada, aunque resulte atrayente, trae desgaste y pánico más pronto que tarde.

Es solo cuestión de tiempo. Así que, en mi caso, opto por lo segundo: hacerme preguntas. Lo hago desde la convicción de que cada pregunta y sus respuestas, aunque inquietantes, pueden ayudarme a cambiar mi perspectiva en este tiempo de dificultad y ayudar con ello a otros que sufren. No quiero perdérmelo. Espero que tú tampoco.

ALGUNAS PREGUNTAS PARA REFLEXIONAR:

- *¿Te has enfrentado alguna vez a algún silencio u oscuridad que te hayan inquietado especialmente?*

- *¿Cuáles son tus fantasmas en medio de esta pandemia, aquellas cosas en las que prefieres no pensar cuando estás a oscuras y en silencio por la noche, o en medio de este largo tiempo de incertidumbres?*
- *¿Cómo ves que la gente resuelv hoye el asunto del miedo al silencio y el miedo a la oscuridad? ¿Compartes esas estrategias? ¿Cuáles son las tuyas?*
- *¿Qué cosas o personas son LA VOZ o LA LUZ para ti en este tiempo difícil?*

Constantemente, al acompañar a mis pacientes, les hago preguntas porque creo que esa reflexión puede ayudarles en medio de su situación. Estas son solo algunas de ellas:

- ¿En qué posición de vida te encuentras ahora?
- ¿Qué te hace pedir ayuda?
- ¿A qué te enfrentas y cómo te sientes?
- ¿A qué atribuyes tu situación?
- ¿Eres responsable, en alguna medida, de estar en este punto?
- ¿Puedes hacer algo para cambiar lo que vives en este momento?
- ¿Te dominan el miedo y la incertidumbre, o estás tranquilo en medio de ello?
- ¿Cómo te planteas enfrentarte a tu futuro inmediato?

Como ves, las preguntas son infinitas... y todas ellas muy importantes. No recomendadas para huidizos o cobardes. Pero estas preguntas, cuando yo misma me las respondo en mis propias circunstancias, no cubren todas mis inquietudes y quizá las de ellos tampoco.

Sé que hay algo más hacia donde debo mirar. En la consulta, por supuesto, puedo hacer las que tienen que ver con la psicología. Pero me hago a mí misma otras muchas, aunque no las comparta con ellos porque la consulta no es el lugar para hacerlo.

ALGUNAS PREGUNTAS PARA REFLEXIONAR:

- *¿Qué tipo de respuestas surgen en tu interior al intentar responder esas preguntas que suelo hacerles a mis pacientes?*
- *¿Alguna vez te has planteado que puede haber una realidad más allá de la que simplemente captamos con nuestros sentidos?*
- *¿Qué te hace pensar en esa realidad más allá (en qué te basas) o, por el contrario, te mantiene apartado de esa idea?*

Como mujer de firmes convicciones cristianas, entonces, y como buscadora y seguidora de Jesús que soy, no puedo conformarme solo con las preguntas más inmediatas, con las que están simplemente sujetas a las circunstancias de tiempo y espacio que parecen atarnos, o con las que mi disciplina profesional me propone.

Sé que necesito más porque, cuando veo las vidas de otros cristianos como yo en el pasado, atravesando momentos de sufrimiento o incertidumbre, soy consciente de que ellos veían cosas que yo no siempre veo. Y quiero aprender a verlas. Eso requiere una mirada que vaya más allá del aquí y ahora.

Para buscar esas respuestas, he decidido intentar responderme algunas de las preguntas que le hago a mis pacientes, pero en esta ocasión desde esa perspectiva añadida como cristiana y seguidora de Jesús. Para eso...

- Necesito renunciar a una visión solo centrada en mí misma o en cómo yo veo las cosas. Abro mi mente a ver más de lo que se percibe a simple vista, porque creo que lo hay.
- Quiero empezar la reflexión reconociendo mi fragilidad y mis limitaciones. Quizá nunca hasta ahora, que me encuentro en una crisis así, las había podido ver tan claras. Nunca el miedo había estado tan cerca.
- Debo, por tanto, buscar la ayuda fuera de mí. Pero no en quienes están como yo, dolidos y afectados por todo esto que sucede alrededor. Es Otro diferente al que busco.

- Reconozco que necesito quien me salve de mis silencios y mi oscuridad. También de la incertidumbre y tiniebla de este momento. Percibo en todo esto la cercanía de mis propios fantasmas. Necesito a Alguien que sea Palabra y Luz a la vez, pero en letras mayúsculas, y no con promesas vacías de contenido.

- Busco fuera, entonces, porque he mirado dentro y sé que lo que necesito no está ahí, aunque me duela reconocerlo. Yo no puedo darme esperanza a mí misma. No soy autosuficiente, aunque a veces haya tenido la ilusión de serlo.

- No quiero eludir responsabilidades, sino plantearme seriamente que, en parte, soy yo misma la que he cometido el error de vivir esta y otras crisis sin intentar pensar mucho en lo importante y trascendente. He vivido demasiadas veces mis crisis sin Dios.

- Soy responsable de no agarrarme lo suficiente al salvavidas que se me ofrece constantemente y que me ayudaría a poder vivir esto de forma increíblemente diferente. Dios siempre ha tenido su mano abierta y extendida para mí, ahora lo veo. Yo, sin embargo, en múltiples ocasiones no la he tomado por creer que no la necesitaba.

- Quiero encontrar respuestas valiosas, pero en ese Otro que me conoce como yo no me conoceré jamás y que me ama profundamente, a pesar de conocerme tanto.

ALGUNAS PREGUNTAS PARA REFLEXIONAR:

- *Para poder percibir realidades nuevas, hemos de tener una disposición a poder percibirlas. ¿Cuáles son tus obstáculos para poder tener esa disposición a ver más allá? (prejuicios, malas experiencias, escepticismo, malas experiencias con lo espiritual, decepción con la religión...).*

- *Uno de los obstáculos más habituales en medio de una crisis como esta para elegir buscar en la dirección de un Dios es la idea de que, si permite algo como lo que está pasando, no puede ser el Dios de amor que dice ser. ¿Tú qué opinas de esto?*

Después de este manifiesto de partida, me doy cuenta de algo clave:

¡Claro que puedo hacer algo por cambiar el caos en el que vivo! Puedo tomar una visión diferente y ayudar a otros a hacerlo también, al contarles ese camino que transito mientras lo recorro. Es exactamente lo que estoy empezando a hacer. Tú estás acompañándome en esto. Estamos caminando juntos y te voy contando el paisaje tal y como lo voy viendo desde unos ojos distintos, mientras aprendo a percibir más y más de una realidad que me era del todo ajena y desconocida.

No soy la primera a la que se le "ocurrió" seguir buscando. Permíteme que incorpore a este camino de reflexión a un personaje histórico al que admiro y que se graduó con creces en la escuela del sufrimiento: el apóstol Pablo.

Espero que la referencia bíblica de este personaje no te haga abandonar el recorrido en este punto del camino, porque lo mejor del paisaje está por ver. Hasta aquí, tú y yo hemos visto las cosas de forma parecida. Pero la aparición de Pablo y lo que él vive traen un viento completamente fresco a las vistas que tenemos por delante. Porque, al margen de que seas cristiano o no, la vida de esta persona merece la pena ser tenida en consideración.

Pablo no solo atravesó enfermedad, como nosotros ahora, y todo tipo de incertidumbres, sino desprecio de muchos, ataques físicos contra su persona y sus amigos, naufragios, azotes, encarcelamiento e, incluso, la ejecución por parte de aquellos a quienes molestaba su mensaje. Sufrió diversas penalidades igual que el Maestro al que seguía, el Jesús de Nazaret que le había conquistado. Y en todo ello le acompañó una actitud, pensamiento, sentimiento y conducta que podrían hacer quitarse el sombrero a los más destacados sufridores de todos los tiempos.

El apóstol Pablo era, principalmente, un buscador incansable. No obstante, buscando muchas veces de forma equivocada, finalmente tuvo que ser encontrado, como siempre pasa, por Quien se acerca a nosotros en primer lugar, Dios mismo. Por eso se cumple la promesa de que el que busca, halla (Mateo 7:7): porque Dios se toma muy en serio el encontrarse con aquellos que le buscan de corazón. Pablo lo hacía con todas sus fuerzas.

Durante mucho tiempo Pablo indagó en la dirección equivocada y, desde su apasionamiento como uno de los grandes del pueblo judío de su tiempo, cometió los peores errores y pecados que una persona puede cometer, incluyendo su colaboración en el asesinato de Esteban. Creía que estaba en lo correcto, que el fin justificaba el medio, que Dios se sentía honrado y defendido con lo que hacía.

Sin embargo, veo en él que algo ha cambiado. Pablo escribe una carta a sus amigos y hermanos, los cristianos de Filipos. Lo hace desde la cárcel, sin saber si sería ejecutado en breve y habiendo sufrido todo tipo de calamidades (muchas de ellas bastante peores que el coronavirus).

Por eso me encanta esa Carta a los Filipenses (puedes encontrarla íntegra al final de este documento traducida en dos versiones, una más actual y otra más clásica), porque Pablo ya no es el que era, sino que Alguien le había transformado. Transmite en sus líneas algo que no alcanzo a comprender desde mi visión puramente humana, ni siquiera siendo cristiana. Veo a Pablo sobrevolando las circunstancias, gozoso a pesar del momento trágico que vive, agradecido en toda ocasión, incluida la del dolor que tiene delante y del que es plenamente consciente. Eso no es algo humano. Es absolutamente sobrenatural y lo quiero para mí.

El texto es conocido para mis ojos y mis oídos porque lo he leído muchas veces, pero para mi alma dolorida ahora por todo lo que estamos viviendo resulta demasiado nuevo, porque no me he ejercitado con profundidad en lo que Pablo estaba ejercitándose cada día. Ambos somos cristianos, seguimos al mismo Maestro, pero no estamos en el mismo punto.

Sé que tengo que seguir buscando, entonces, en esa dirección que le ha hecho cambiar su rumbo 180 grados y mostrar un gozo que trasciende su circunstancia de dolor. Me falta empaparme más de lo que Pablo encontró, porque en sus palabras veo aliento, paz, esperanza, contentamiento, gozo, propósito... y ahí es donde me doy cuenta de que necesito más que lo que he sido capaz de intuir solo desde estas preguntas y respuestas iniciales mías. Como forma de empezar, quizá no está mal. Pensar es generalmente muy bueno como comienzo. Pero no puedo quedarme aquí, en una primera aproximación. Necesito su perspectiva.

ALGUNAS PREGUNTAS PARA REFLEXIONAR:

- *¿Te has planteado alguna vez que si alguien como Pablo fue buscado y alcanzado por Jesús hasta ser transformado en su forma de vivir, algo así podría pasar contigo o conmigo?*
- *¿A qué tipo de personas piensas que Jesús no se acercaría jamás?*
- *¿Motiva en algo tu curiosidad ver a Pablo en una situación tan deplorable y, a pesar de ello, verle expresarse según estas consignas, que nos detendremos a analizar?*
- *¿Alguna vez te has sentido gozoso o en paz, a pesar de estar sufriendo? ¿Te está sucediendo en medio de esta pandemia?*

3
PERSPECTIVA

Lo que vemos y entrevemos es la materia prima
con la que nuestro cerebro trabaja.
Debes saber en qué se fijan tus ojos
para que tu cerebro piense como lo hace.

La manera en la que pensamos las cosas empieza por un lugar muy concreto: nuestra vista. Los sentidos nos conectan con la realidad alrededor. Y, en función de lo que nuestros sentidos captan y nuestra mente interpreta a continuación, vamos creando una cosmovisión sobre cada cosa pequeña y grande de nuestra vida. Es decir, la cosmovisión es el conjunto de opiniones e impresiones que tenemos acerca de cada elemento que compone el mundo.

VEMOS → INTERPRETAMOS → OPINAMOS (cosmovisión)

Puede ser tentador considerar la visión de las cosas, o la información que nos dan los sentidos en general, como algo relativamente superficial en medio de todo lo que está pasando. Nos tienta, cuando buscamos calma y respuestas ante el dolor, procurar hacerlo rápidamente e intentar avanzar sin distracciones a cuestiones más profundas. Algo así como "¿Qué hago deteniéndome en lo que veo, con todo lo que hay por solucionar?". Pero no subestimes a los sentidos, porque puedes llevarte una triste sorpresa. De no mirar bien, te perderás parte importante de lo que debes conocer para enfrentar tu situación. Empezamos viendo, percibiendo y, más tarde, profundizamos. Pero lo que vemos y entrevemos es la materia prima con la que nuestro cerebro trabaja. Debes saber en qué se fijan tus ojos para que tu cerebro piense como lo hace.

Tus ojos y los míos, como humanos que somos, no ven todo lo que hay delante. Tienen, si la atención se pone de su parte, la posibilidad de captar mucho y hacerlo relativamente bien. Pero nuestro propio bagaje, nuestras experiencias y miedos, las situaciones que no queremos repetir, o por ejemplo, nuestros prejuicios, nos pueden llevar a no (querer o poder) ver cosas muy evidentes que tenemos delante. Otras veces se trata, simplemente, de que nuestros sentidos tienen sus grandes limitaciones.

Además, no solo vemos con los ojos físicos, sino que la mente nos permite entrever en medio de lo que tenemos delante e inferir cuestiones muy importantes que se destilan de lo visible. No vemos el amor o la falta de él, pero lo inferimos entre las acciones que otros tienen hacia nosotros, o las que nosotros realizamos hacia los demás. A veces no somos capaces de ver un fuego, pero lo sospechamos cuando nuestros sentidos nos dan aviso del olor a humo. En el plano de las relaciones, de las emociones y también ante las cuestiones de tipo espiritual, por ejemplo, esa sensibilidad hacia lo que no se ve es increíblemente relevante. Y marca una diferencia abismal cuando lo que atravesamos es una época difícil.

Allí, en medio del caos, haciéndonos preguntas, tenemos que estar atentos a lo que se nos vaya presentando, para poder llegar a respuestas. Por eso, cuando al inicio de esta reflexión hacía afirmaciones tan contundentes acerca de cómo nos comportamos como sociedad y como individuos, lo hacía entresacando de lo que la conducta de las personas destila. Quizá no decimos con palabras lo que hay dentro de nosotros, pero nuestros hechos hablan a gritos sobre lo que nos ocupa y nos preocupa, lo que hemos alcanzado y lo que nos queda por lograr, y también si nos servimos a nosotros mismos o, por el contrario, servimos otros intereses que los nuestros propios.

ALGUNAS PREGUNTAS PARA REFLEXIONAR:

- *¿Cuál de tus cinco sentidos es por el que más te sueles guiar en la vida?*
- *¿Sueles ser una persona perceptiva, que incluso ve un poco más allá de lo evidente?*
- *¿Piensas que te has ejercitado lo suficiente en el arte de leer entre líneas, por ejemplo, al observar actitudes, hechos, palabras...? ¿Qué has visto entre líneas en esta pandemia, mirando hacia otros, pero también hacia ti mismo?*
- *¿Te consideras una persona espiritual, con interés o curiosidad por aquellas cosas que, quizá no se ven a simple vista, pero que tienen un papel relevante en nuestras vidas?*

En un sentido, mi trabajo me obliga constantemente a lidiar con lo que queda fuera de la vista, pero que se intuye y se lee entre líneas. Si alguien me dice que no está enfadado, pero frunce el ceño, dudo seriamente de sus palabras, porque leo entre sus gestos algo diferente a lo que sus labios me cuentan. Si una persona me dice que está bien, pero no para de llorar, leo entre líneas que algo le afecta. No jugamos a ser adivinos si somos serios con esto. Lo que intuimos es solo una señal para seguir preguntando u observando. Pero hay mucho más de lo que se ve a primera vista y lo que no se ve importa tremendamente.

Como cristiana que soy, puede parecer muy normal que me preocupe por lo trascendente. Y más en medio de todo este lío en el que estamos metidos por la pandemia (si hay un momento para tener claro si hay un Dios o no, y qué papel va a jugar en todo esto, ese es sin duda este que vivimos).

Sin embargo, no siempre me interesó lo que no se ve, ni siempre fui cristiana, claro. Nadie nace siéndolo, por cierto.

Pero sé que de hace mucho tiempo aquí, tengo una inclinación por esos aspectos del mundo que no se ven, y no solo los psicológicos. Me interesan especialmente los que tienen que ver directamente con la fe, cristiana en mi caso. Lo espiritual está íntimamente ligado a todo lo que somos como personas. Por lo que llevo observando todo este tiempo, afecta de muy diversas maneras a lo emocional, para bien cuando se enfoca correctamente, para mal cuando se malentiende y tergiversa, como todo. Pero la fe también está íntimamente asociada al pensamiento y la conducta, porque no hablo en ningún caso de una fe ciega, sino de una razonada que, además, se pone en movimiento. Todos esos temas son claves en una crisis como esta que vivimos.

El asunto de la espiritualidad es uno de esos ámbitos en los que muchos intuimos que hay algo y del que la psicología, como disciplina, no se ocupa porque no puede hacerlo siguiendo su método de trabajo. En las últimas décadas de la disciplina ese método es, sobre todo, una adaptación del método científico aplicado a las ciencias sociales. Es un buen método para muchas cosas, pero sería pretencioso creer que el estudio del ser humano al completo, espiritualidad incluida, puede reducirse a él. Negar todo lo que no puede abarcar no solo es pretencioso, sino ingenuo y simplista, probablemente. Por eso, quizá, siempre he necesitado más.

Asumo que desde la psicología se pueden evaluar ciertas cosas, pero también que otras muchas se nos quedan fuera del tablero. Sin embargo, aun cuando la psicología puede decidir no abordarlas, muchos como yo escogemos buscar más allá de esas fronteras puramente cientificistas que creen que solo puede considerarse lo que la ciencia es capaz de medir y estudiar. Porque si Dios existe y verdaderamente es Dios como creo, dudo mucho que se sujete al método de estudio de sus criaturas o que se deje abarcar por él, la verdad. Más bien se mostrará por los métodos que le plazcan, como parece que ha hecho y sigue haciendo hasta aquí.

Entonces, frente a la situación que estamos viviendo por coronavirus, como en cualquier crisis fuerte en la vida, las personas nos hacemos preguntas trascendentes sobre si hay un Dios y qué pinta en esto. Algunos, como decíamos, no quieren entrar en ese terreno porque lo consideran zanjado para el ser humano moderno en el siglo XXI. Lo respeto, evidentemente, pero no lo comparto. Los cristianos no somos menos audaces por creer en algo más, ni menos racionales por no querer cerrar esa puerta demasiado rápido. Así que quiero detenerme esencialmente en dos escenarios que nos estamos encontrando desde nuestra vista en estos días y te identificarás con uno o con otro, dependiendo de si eres o no seguidor de Jesús, a quien el cristianismo reconoce como Dios hecho hombre.

ALGUNAS PREGUNTAS PARA REFLEXIONAR:

- *Hoy en día no está de moda decir que se tiene fe y mucho menos identificarse como cristiano. ¿Por qué crees que pasa esto?*
- *¿Cuál es la imagen que piensas que se tiene de los cristianos en el mundo moderno de hoy? ¿Cuánto de cierto hay en esa forma de verles?*
- *Si religión y relación con Dios son cosas distintas, ¿cuánta culpa crees que tiene la religión de la que gente hoy no quiera ni escuchar de relacionarse con Dios?*

Te hablaba hace un momento de dos escenarios respecto al asunto del tándem pandemia-Dios. En uno, Dios no juega ningún papel relevante. En otro, Dios tiene todo que decir en medio de esto. Y tú o yo estamos en uno de los dos, necesariamente. O Dios está, o no está en todo esto.

Pensando en el primer escenario, quien mira hacia fuera en este momento de pandemia y dolor sin ser cristiano, capta principalmente dos elementos de esta realidad: puro caos y en muchas ocasiones un Dios ausente, sea por inexistente o por indiferente. En cualquier caso, es uno que no interesa y al que no se le da espacio en la vida. Este es uno de los planteamientos más repetidos en estos días, tanto por ateos, que le ven inexistente, como por los que creen que hay algo ahí fuera a lo que llamar Dios pero que no quieren tener que ver con Él: "Si es que hay un Dios, ¿dónde anda en medio de todo esto y a qué se dedica?". A efectos prácticos los abordo dentro de un mismo escenario, a pesar de partir de puntos diferentes porque, en su día a día, Dios o su visión del mundo no juegan un papel relevante.

Sobra decir que es evidente que sigue habiendo debate sobre Dios, incluso cuando el ateísmo está de moda y no se cesa de decir que no se cree en uno. Lo que sospecho que se ha decidido, sobre todo, al margen de creer o no creer en un Dios, es dejar a un lado la posibilidad de relacionarse con Él, porque pensamos que no tiene nada que aportarnos más que una larga lista de prohibiciones.

Me pregunto cuánto de lo que conocemos de Dios realmente tiene más que ver con lo que la religión ha presentado sobre Él y no con Él mismo, como persona real con la que relacionarse estrechamente, también en este tiempo difícil que vivimos.

Porque la cuestión en medio de esto no es tanto si creemos o no en un Dios, sino si le amamos porque entendemos que Él nos ha amado primero. Y en medio de una crisis como esta, al hablar de que Dios nos ama es donde, probablemente, aparecen en muchas personas las primeras ampollas.

Quienes seguimos a Jesús, y este es el segundo escenario, referenciándonos al Dios hecho hombre que muestra la Biblia, por otra parte, vemos el mismo caos que el resto de las personas y, en un sentido, lo sufrimos igual. Esa no es la diferencia.

No somos superhéroes, ni tenemos superpoderes. La diferencia es que tenemos un Salvador al que nos agarramos, de cara a la eternidad y de cara al presente que vivimos. Es Él y no nosotros lo que es distinto.

- Asumimos la presencia de Dios porque hemos creído, claro. Pero eso es solo la primera parte.

- Hemos vislumbrado muchas veces aspectos entre las líneas de nuestra vida que nos llevan a intuirle y a considerarle de forma personal, aunque sea difícil vivir todo esto con total coherencia en medio de nuestro mundo posmoderno que además tanto nos agrede por creer lo que creemos.

- Hemos llegado a conocerle personalmente y saber más de Él y su carácter porque ha decidido revelarse en la Biblia y principalmente en Jesús, al que se llama "la imagen del Dios invisible" (Colosenses 1:15) y que vino a tomar nuestra forma para vivir nuestras luchas, solo que sin pecado.

- Pero muchas veces tampoco entendemos demasiado bien por qué como Dios de amor que es no interviene como quizá nuestra naturaleza nos dice que debería hacerlo en medio de esto.

Los cristianos también fallamos en nuestra cosmovisión de fe una y otra vez. El error, el apartarse, el dejar a Dios de lado no es solo algo que hace la gente que decidió no creer o no amar a Dios como Él quiere y merece ser amado. Muy a menudo, la incredulidad y la falta de confianza nos acompañan también a los cristianos y, por eso, hoy quiero ser especialmente crítica con nosotros, para que el acento esté verdaderamente puesto en quien aporta algo distinto, que es Jesús, y no en quienes traemos más de lo mismo, o sea, nosotros.

Hoy soy consciente, al observarme, de que mi forma de sufrir esta y otras crisis no representa verdaderamente de manera fiel el evangelio en el que creo, que habla de gozo y paz sobrenaturales, y de poder vivir vidas plenas por encima de las circunstancias.

Como cristiana tengo todo por aprender. Por esto escribo esta reflexión en estos días. Porque quiero que eso cambie y simplemente te hago partícipe de mi proceso, invitándote a uno personal.

Dicho de otra manera, entonces, no te fijes en los cristianos si quieres saber de Dios. No te fijes en mi vida, porque te defraudarás tanto o más que yo cuando lo hago. Sé de forma cada vez más clara que donde hay que fijar la mirada es en Jesús y en lo que hace en las vidas de personas como Pablo, transformándolas radicalmente también en el dolor, porque ahí es donde está la verdadera diferencia. Pablo no llegó allí de la noche a la mañana, y su ejercicio de preparación para lo que vendría duró muchos años.

El cristiano, entonces, no debería solamente ser alguien que sabe que necesita un Salvador de cara a la eternidad y que viva como si hubiera comprado un ticket de entrada al cielo y no necesitara nada más.

Más bien puede y debe ocupar su vida en permitir que ese Salvador le rescate también de cada acontecimiento adverso y de dolor en su vida cotidiana, y esto no es fácil porque el dolor lo distorsiona todo y te invita a abandonar lo que crees en cuanto la circunstancia aprieta un poco.

Ver de otra manera para vivir de otra forma es el asunto vital que estamos considerando en estas líneas. Y, cuando veo a Pablo en la cárcel, descubro que enfrentar la adversidad no se centra tanto en pedir por un cambio de circunstancia, o que la situación mejore, como en aprender a verla y vivirla con otros ojos diferentes. Ese es el principio de todo.

ALGUNAS PREGUNTAS PARA REFLEXIONAR:

- *¿Cuál de las dos formas de ver el caos en estos días se parece más a la tuya propia? De alguna manera, ¿forma Dios parte de la ecuación de tu vida?*
- *¿Qué papel juega en los tiempos de bonanza y cuál en los momentos de dificultad?*
- *¿Crees haber encontrado una respuesta a la pregunta de si Dios existe? ¿En qué te basas?*

Cuando la gente que no cree nos escucha a los cristianos hablando de nuestra fe y cómo nos aporta algo distinto y positivo en nuestros tiempos de dificultad —como estoy haciendo yo en estas líneas— suele pensar, entre otras varias, dos cosas (y de esto deberíamos ser siempre bien conscientes quienes seguimos a Jesús):

- La primera, que somos unos incoherentes a los que es mejor no prestar demasiada atención. "Hipócritas" es, probablemente, uno de los calificativos más empleados para hablar de los cristianos.

  Y eso sucede muchas veces con buena parte de razón, sobre todo cuando cargamos tintas con teoría religiosa que manejamos de carrerilla, a modo "Juego de Trivial", preguntas-respuestas, diciéndole al mundo cómo debe vivir, pero que luego somos incapaces de trasladar a vidas de coherencia.

  ¡Qué diferente sería todo si reconociéramos que somos igual que todo el mundo y que lo hacemos todo igual de mal o peor! ¡Eso pondría el acento en Cristo, que es en quien merece la pena fijarse y no en nosotros!

- La segunda posibilidad, es que estamos realmente locos. Esta se produce cuando se está ante cristianos que se toman lo que creen verdaderamente en serio y que son capaces de experimentar esa abundancia de vida que va más allá de las circunstancias adversas, teniendo gozo y paz por encima de lo que les suceda.

  A esos cristianos no parece hacerles falta que se les alineen los planetas y que todo salga bien ahí fuera para considerar su vida como abundante. No son tampoco masoquistas, ni disfrutan del dolor, no nos equivoquemos.

  Pero lo trascienden con creces y eso rompe los esquemas de muchos que no les escuchan, seguramente, pero les observan con atención. Pablo de Tarso era uno de ellos y cómo vivió sus circunstancias nos inspira hasta nuestros días.

Como cristiana que intento tomarme en serio lo que creo, lucho constantemente entre lo que la Biblia me muestra de ese Dios que dice amarme y lo que mis sentidos ven una y otra vez alrededor, que me asusta, me distrae y me absorbe, como a todos. Luego pienso en Jesús, Dios hecho hombre y muerto en una cruz por mí, y eso me hace recordar que Dios no solo dice que me ama, sino que se empeñó en demostrármelo de una forma más práctica y contundente que nadie. Por eso, en medio de este proceso, aunque no entiendo todos sus movimientos ni propósitos en permitir una crisis así, puedo comprender algo de lo que Pablo veía y confiar más allá del caos que veo.

Esta pandemia me ha recordado que soy finita y mi vida es tremendamente frágil. Lo que vivió Pablo, como experiencia de éxito emocional y espiritual en medio de la dificultad que vivía (aunque está claro que el hombre moderno no llamaría éxito a tal cosa) no es posible vivirlo por medios puramente humanos. Tuvo que ser transformado en un proceso lento en el que Dios trató de forma directa con él para hacer los cambios de perspectiva que eran necesarios. Y aún así, Pablo tenía conflictos internos, como todos nosotros. Para él, enfrentarse a la dificultad no era "pan comido". Pero lo hacía en las fuerzas de Otro que le sostenía.

Pablo mismo explica en alguna otra de sus cartas, como en el capítulo 7 de Romanos, que su lucha era exactamente esa, entre su viejo yo y un yo renovado por haberse encontrado con el Jesús al que perseguía, entre lo que le salía de natural y lo que era una respuesta renovada y mejor ante la misma realidad.

Así, quiero dejar bien claro algo: a los cristianos, que intentamos ver esta crisis con otros ojos diferentes, no nos ampara ninguna superioridad moral, ni somos nada expertos en mirar bien o ver mejor. Demasiadas veces, los cristianos no vemos mucho más que el resto y distorsionamos la realidad con facilidad desde nuestra propia jerga y conceptualización religiosa. Jesús vino a eliminar la religión, porque esta no aporta ningún consuelo en medio del dolor.

Los cristianos simplemente hemos iniciado nuestro proceso un poco antes, pero no debemos olvidar que fuimos rescatados los primeros por ser, seguramente, los más cortos de vista. Como mucho, en ocasiones, asumimos la existencia de Dios y poco más, si es que no renunciamos a eso también cuando las cosas vienen mal dadas, como es el caso de tantos ahora que decían creer y se apartarán del todo al no ver al Dios que esperaban. Otras veces le sentimos como existente e indiferente a la vez, llevándonos también al abandono. En el mejor de los casos, si nos parecemos en algo a Pablo porque hemos tenido como él un recorrido preparatorio frente a la dificultad, al llegar esta podemos recordar las verdades eternas que forjan nuestras vidas en los momentos más difíciles.

En esos momentos, como diría el propio Pablo, estaremos

atribulados en todo, mas no angustiados; en apuros, mas no desesperados; perseguidos, mas no desamparados; derribados, pero no destruidos; llevando en el cuerpo siempre por todas partes la muerte de Jesús, para que también la vida de Jesús se manifieste en nuestros cuerpos (2 Corintios 4:8-10)

¡Qué difícil es ver en medio de esto a un Dios que nos ama! ¡Cuánto nos confunden el dolor y el sufrimiento, que funcionan como ese árbol que no nos deja ver el bosque!

Esa situación nos iguala completamente con los que no creen y este es un mensaje desafiante y provocador tanto para unos como para otros, muy alejado de lo que hemos escuchado a veces.

Vemos a Pablo confiando a pesar de estar en la cárcel porque él hacía algo más que confiar intelectualmente en algo. Lo que está sucediendo en Pablo es que permite que su visión renovada y transformada por Jesús afecte sus emociones, su pensamiento y su conducta, para hacer y decir cosas que a los que no creen les parecen locura, pero que para los que creemos son el claro reflejo de un poder que no es suyo.

El mismo Dios que está permitiendo esta crisis por coronavirus permitía en aquel entonces que su siervo, Pablo, estuviera encarcelado. No por tiranía o sadismo, sino por un sentido de propósito que trasciende los tiempos. Tú y yo somos, hoy mismo, algunos de los beneficiarios de ese propósito aparentemente incomprensible en el momento presente.

Quizá esa es la clave: el elemento temporal que tan mal manejamos los seres humanos. Gente como Pablo, tras ese paso de confiarse a quien puede traer lo que nos resulta más antinatural, paz en la adversidad, crecen en medio de ella y lo hacen más cuanto más capaces son también de ver entre líneas lo que no se percibe a simple vista.

ALGUNAS PREGUNTAS PARA REFLEXIONAR:

- *Si eres de los que consideras que, efectivamente, hay un Dios, ¿has encontrado respuestas a la pregunta de cómo un Dios de amor como del que hablan los cristianos puede permitir el mal o el dolor en el mundo?*

- *¿Tienes a veces la sensación de que los cristianos hablan mucho pero no viven lo que dicen creer? ¿Alguna vez te ha tentado pensar que están realmente locos?*
- *¿Has conocido alguna vez a alguien que, como Pablo, se tome verdaderamente su fe en serio y lo que obtenga, incluso en medio de sus tormentas, sea una vivencia de paz sobrenatural?*

Nadie dijo que este ejercicio de trascender las circunstancias fuera fácil y, como cristiana que soy, para mí tampoco lo es. ¡Cuánto más si no se cree en nada que resulte una ayuda a nuestros propios recursos, que a menudo son tan escasos y pobres! Para nada es algo que dominemos los que creemos, claro está. Por eso, mi ejercicio en estos días es prepararme. Los que no creen pueden encontrar un recurso que no habían contemplado. Los que creemos podemos afianzarnos y profundizar en él.

Pablo veía muchas cosas que a nosotros nos parecen veladas porque se dedicaba constantemente a ejercitarse para aprender a ver las cosas como el Maestro las veía.

Por eso sé que este ejercicio que comparto contigo puede ser muy útil. Pablo sabía que no lo había alcanzado todo, que tenía mucho por avanzar, pero proseguía al blanco, como él mismo dice en su carta (3:12-14). Su visión no cambió de la noche a la mañana. Al principio solo sabía que lo que había visto hasta entonces y su forma de mirar habían estado mal enfocados y que debía aprender a ver de una manera completamente nueva. A eso se dedicó durante años, antes de llegar a ser el Pablo que vemos en este texto a los filipenses y sabemos que mucho de esto lo tuvo que aprender en medio del sufrimiento. Pero no fue el único en tener que ejercitarse en una nueva forma de percibir la realidad.

Los propios discípulos de Jesús tampoco veían lo evidente, ni siquiera estando con Él en carne y hueso en la Tierra, y presenciando constantemente sus milagros. Como cuenta el Evangelio de Marcos (8:17-21), tenían el corazón endurecido a pesar de que seguían al Maestro y le veían sanar enfermos y rescatar gente muy a menudo y de múltiples formas. Es como si los milagros no les resultaran suficientes. Su vista era muy corta, como lo sería la nuestra en su lugar.

Esa limitación en sus sentidos y en su interior les llevaba a no ver con la profundidad suficiente y, por tanto, a no recordar poco después eventos milagrosos que habían sucedido de manera increíble frente a sus ojos: la alimentación de los cinco mil y poco después de los cuatro mil, con unos pocos panes y peces y sobrando en abundancia cada una de las veces, por ejemplo. Tan corta era su vista que, cuanto el Maestro decía algo que no entendían, pensaban que era porque no habían recordado traer comida. ¿No es irónico? ¿Es que no se habían dado cuenta de que a Jesús no le hacía falta la provisión de sus discípulos en ningún caso, a la vista de lo sucedido, sino que eran más bien ellos los que necesitaban de lo que Jesús pudiera darles, incluyendo una nueva forma de percibir las cosas?

ALGUNAS PREGUNTAS PARA REFLEXIONAR:

- *¿Puedes pensar en momentos en tu vida en los que algo sucedió que cambió completamente tu forma de ver las cosas?*

- *¿Alguna vez has observado alguna realidad que te ha hecho al menos intuir que hay un Dios más allá de la religión que te han contado?*

- *El caso de los discípulos nos habla de la realidad de personas que quizá están teniendo una realidad delante que habla de ese Dios de manera inapelable pero que, sin embargo, no son capaces de ver porque siempre necesitan más. ¿Piensas que nos está sucediendo algo así a nosotros?*

- *¿Qué crees que necesitaría el mundo hoy para poder creer y amar a Dios? ¿Es algo que Dios debería hacer o es algo que las personas deberíamos cambiar?*

Las dudas y la torpeza eran algunas de las dificultades de los discípulos de Jesús. Pero no eran los únicos, aunque tenían mejor fondo que los que te presento a continuación.

Los fariseos, de otro lado, eruditos religiosos del momento, tenían también su propia forma distorsionada de ver la realidad, solo que además estaban cargados del orgullo de pensar que tenían la razón absoluta. La religión y sus tradiciones eran los principales obstáculos para que Jesús y su enseñanza calaran en ellos. Porque Él era todo lo contrario que la religión, y sigue siéndolo.

Jesús vino a mostrar que la religión no salva a nadie, que sólo Él podía hacerlo, pero sus propios prejuicios les llevaban a ver y oír de forma distorsionada. Ellos ya habían decidido muchas cosas en su corazón y sus sentidos estaban cerrados.

Creo que es algo parecido a lo que nos sucede ahora: lo que hemos conocido de la tradición y de la religión nos lleva a rechazar cualquier cosa que venga de Dios y a no querer ni siquiera empezar a considerarlo como opción. Nuestro prejuicio va, entonces, por delante de nuestra vista.

Pablo había sido uno de esos fariseos. Hubiera sido de valor para sus vidas haber estado dispuestos a ver lo que Jesús había venido a mostrar desde el primer momento, pero estaban tan cegados por su orgullo y su propia visión del mundo, que no veían gran cosa. La religión les había dado poder, se pavoneaban entre el pueblo. Eran la policía moral del momento. Pero no les interesaba lo que Dios ofrecía al hombre y a la mujer a través de Jesús: una relación estrecha con quien les había creado y un amor profundo y completo como el que nunca podrían conocer en otro lugar. Porque por ellos también Jesús vino a morir.

Poco antes, en el mismo texto que mencionábamos (puedes leerlo en Marcos 8:11-13), ellos también le habían demandado una señal (¡otra más!), pero para ponerle a prueba, no con buenas intenciones. ¡Cómo si no las hubieran visto ya! ¿Acaso necesitaban más? ¡Acababa de alimentar a cuatro mil con apenas un poco de comida! Era justo por esas señales y lo que significaban que se veían forzados a mover ficha e intentar pillar a Jesús en situaciones que pudieran comprometerle. Sus acciones no eran honestas, sino manipulativas. Así que unos porque no podían y otros porque no querían, la cuestión es que la visión de todos alrededor era muy limitada. En sus corazones habían decidido no creer, queriendo o sin querer.

¿Qué se necesita entonces para poder ver algo diferente? Ni siquiera Pablo, con el tipo de persona que era, disciplinado al extremo, buen conocedor de la ley, con esa fe inquebrantable, vio las cosas a la primera. Su encuentro milagroso con Jesús fue solo una parte de su transformación. De hecho, "simplemente" fue el primer paso. Fue la señal inapelable que le dejaba constancia de que el camino que había seguido hasta entonces estaba equivocado. A partir de ahí, se iniciaba un proceso largo por el que Dios mismo estaría tratando con él, capacitándole para cosas que en ese momento ni siquiera podía imaginar. Estaba cambiando su camino a base de cambiar su perspectiva.

Su referente era el Maestro mismo y aprendió a verlo en todo, pero dedicó mucho tiempo a ello antes de llegar al punto en que estaba al escribir la carta a los Filipenses que estamos usando como referencia para nuestra reflexión. No lo hizo en sus fuerzas o por su capacidad, pero se entregó sin reservas a que el Espíritu Santo al que Jesús dejaba para acompañar a los creyentes desde su ausencia, enseñara a su corazón y su mente lo que debía ver y saber, para poder vivir de manera distinta.

El mismo Pablo explica su propio proceso de varios años en alguno de sus escritos (por ejemplo, en su carta a los Gálatas). De hecho, nunca dejó de prepararse. Era ese mismo Espíritu Santo el que, obrando en él, le permitía ver lo que antes no veía. Sus ojos tuvieron que ser abiertos de par en par para poder contemplar lo que hoy nosotros quizá intuimos tímidamente entre sus líneas, porque Dios trabaja en nosotros a través de procesos cuando nos ponemos en sus manos.

Puede ser que sospeches que hay algo distinto en Pablo, pero no sabes qué es. No subestimes esa sospecha, porque realmente lo hay, solo que no es humano. Es posible que, de creer que hay algo diferente, que es un primer paso, anheles poder vivir de esa forma, por encima de las circunstancias.

Sigue buscando en esa dirección. Quizá puedas llegar a comprobar que hay mucho que antes no veías detrás de esto, pero no lo abarques del todo al principio. No te preocupes, sigue observando, porque incluso los que nos hemos acercado a este evangelio transformador hace tiempo, seguimos aprendiendo. La cuestión es que el escepticismo no nos impida ver lo que puede transformarnos radicalmente ante los momentos más duros de nuestra vida, como este que hemos vivido y que aún no ha terminado.

Jesús se convierte en referente para nosotros cuando le consideramos en serio, cuando le damos crédito a su vida, a sus palabras y optamos por amarle. No te hablo del Jesús del que has oído en la religión, ni del Dios del que te hubieran hablado los fariseos del momento. La religión te aparta de conocerle. Jesús es anti-religión. Te hablo del Jesús que puedes observar tú directamente en los relatos del Evangelio, si optas por darle opción a esa investigación, como estoy haciendo yo ahora y te garantizo que merece la pena.

Todos nosotros, incluida yo, somos tan torpes como sus discípulos de entonces y tan atrevidos como aquellos enemigos de su momento. O no le entendemos, o nos creemos más sabios que Él y le despreciamos.

Por eso, modelos como Pablo, tan humanos y solo humanos como nosotros, nos ayudan a poner en carne y hueso de otro las mismas dificultades que nosotros tenemos: incrédulo y perseguidor de Jesús, ciego a todo lo que el Maestro había hecho, obsesionado por borrar toda huella de Él de la faz de la Tierra, pero cautivado finalmente por la persona y no por la religión que creía que encarnaba. Tuvo que descubrirle, en definitiva.

Todo el proceso de Pablo nos muestra que la posibilidad de ver de otra manera es algo alcanzable, no en nuestras fuerzas, pero sí en las Suyas cuando realmente estamos dispuestos a ver algo distinto. Y no solo Pablo, sino que fueron esos mismos discípulos torpes también los que, al ir transformando su visión por recibir al Espíritu Santo cuando se fue Jesús, revolucionaron el mundo con el mensaje de sus buenas noticias de salvación, con una renovación que nos alcanza hasta el día de hoy y que nos invita a seguir considerándole en serio, religión aparte.

ALGUNAS PREGUNTAS PARA REFLEXIONAR:

- *¿Has tenido alguna vez la convicción de estar viendo algo más allá de lo que se* *ve a simple vista? (Por ejemplo, intuir la intención de una persona en una frase que dice sin ser del todo obvia.) ¿Qué sueles hacer en esos casos?*

- *¿Piensas que ese es un ejercicio que tienes desarrollado suficientemente? ¿Eres una persona perceptiva, o sueles ver solo lo que tienes inmediatamente delante, sin buscar nada más?*

- *Si tú hubieras vivido en los tiempos de Jesús y lo hubieras tenido cerca para observarle y ver sus acciones y milagros, ¿cuál crees que hubiera sido tu visión e interpretación de lo que estabas viendo?*

- *Teniendo en cuenta lo que comentábamos líneas atrás, ¿qué es lo que marca que ante un mismo evento visible, como el de la alimentación de tanta gente por dos ocasiones, incluso, las personas tuvieran reacciones tan diversas como las de los discípulos o los fariseos? ¿A quién de estos te hubieras parecido más?*

Cuando miramos alrededor viendo lo que el resto, interpretando lo que el resto y opinando lo que el resto, también vivimos lo que el resto.

Y, si somos como todos los demás, quizá esto de vivir como el resto no resulta demasiado inquietante, sino del todo normal. No se echa de menos lo que no se tiene aunque, si se descubre en alguien porque su conducta, su lenguaje, su forma de pensar y sentir nos llaman la atención, como lo vemos en Pablo, y resulta suficientemente sorprendente, puede cautivar y llevar a un cambio de enfoque como el que estamos buscando. Observar a alguien que lo ha encontrado nos lleva a buscar en la misma dirección.

En este caso, hablo principalmente a los que somos seguidores de Jesús e intento ser autocrítica con la visión que a veces mostramos sobre las cosas, que no se diferencia demasiado del resto.

Si por ser cristianos tenemos una naturaleza diferente (porque nos ha sido dada, no por ser de una pasta especial), pero no vivimos como tales, la cosa es problemática porque implica que algo no está funcionando como debe. De ahí la acusación de hipocresía tan común que mencionamos en su momento, por ejemplo, o el sentido de decepción que muchos cristianos viven cuando descubren que el cristianismo no era la fórmula para la ausencia de problemas que les habían vendido. Si alguien les vendió tal cosa, les engañó vilmente, porque Jesús mismo nos avisó de que en este mundo lo pasaríamos mal, solo que Él había vencido todo eso (Juan 16:33).

Desde un paso de fe en serio, sin embargo, la visión es diferente y eso cambia la vida radicalmente. Ya no habremos aterrizado en el cristianismo por conveniencia, como a veces parece, sino por amor a Jesús, que se entregó y nos dio ejemplo de ello.

Habiendo observado de cerca la historia de ese Jesús que aceptó el sufrimiento máximo en lugar de quienes le despreciamos, vemos las cosas a través de la perspectiva que Él da. Y eso nos cambia la vida. Es como recibir unos ojos nuevos, una naturaleza nueva, una mente nueva.

Así lo explica Pablo en varias ocasiones. Es entonces que se nos abre un abanico de posibilidades para vivir el mundo (y también el sufrimiento) de una forma diferente, que se va estableciendo y asentando a lo largo del tiempo. No es automático, como lo que nos encanta ahora, pero es transformador y eficaz. A eso, Pablo, con su fina pluma, le llama "transformarnos por medio de la renovación de nuestro entendimiento" y "no conformarnos a este siglo" en su carta a los Romanos. Es decir, dar el paso de no conformarse a ver las cosas como la gente en este tiempo las ve y adoptar una nueva cosmovisión acerca de lo que sucede (Romanos 12:2).

Desafiante, ¿no crees? ¿Ves la conexión entre Pablo y lo que veía con lo que vivimos ahora, en medio de este tiempo complejo? Esta idea estaba en mucho de lo que el propio Jesús dijo en sus años en la Tierra:

- Él siempre explicó que no era de este mundo, sino de arriba: "Vosotros sois de abajo" (Juan 8:23) y, por tanto, nuestros pensamientos no son sus pensamientos, lo cual es una idea que venía de mucho más antiguo (por ejemplo, en Isaías 55:8-9).
- También dijo que debíamos buscar las cosas de arriba primeramente y que todas las demás cosas se nos darían por añadidura (Mateo 6:33). Era una clara invitación a no estar sujeto a las circunstancias.

Así que Pablo no hace más que reproducir la enseñanza del Maestro y, lo que es más importante, ponerla en práctica con su carta a sus amigos y hermanos, escrita desde la cárcel en Roma. Cuando escribe en Colosenses 3:1 y 2, "Si pues, habéis resucitado con Cristo, buscad las cosas de arriba... Poned la mira en las cosas de arriba, no en las de la tierra", está reproduciendo de nuevo las enseñanzas del propio Jesús. Ese es el signo de una persona verdaderamente renovada y transformada hasta la médula por el evangelio de Jesús: que ve distinto, piensa distinto y vive distinto.

Si no eres cristiano, probablemente tienes que alucinar con este tipo de lenguaje que Pablo usa. (Algo así como "¿Resucitado con Cristo? ¿De qué estás hablando?")

Yo, como cristiana, reconozco que me sigue sorprendiendo porque este aún no es mi lenguaje. No lo tengo completamente interiorizado, aunque creo que lo voy entendiendo cada vez un poco mejor. Los cristianos no lo entendemos todo, porque nuestro pensamiento no es el pensamiento de Dios. Pero sí entendemos, aunque sea de lejos y sin la profundidad total que este misterio tiene, que aceptar el sacrificio de Cristo implica despertar a una vida nueva por su resurrección. Y esa resurrección lo cambia todo, principalmente la visión que podemos tener del mundo y sus dificultades. Esa visión es la que cambió a Pablo.

ALGUNAS PREGUNTAS PARA REFLEXIONAR:

- *Cuando comparas tu vida con la de la gente alrededor, ¿tienes la sensación de que ves, piensas y vives como todo el mundo?*
- *¿Cuáles son los principales aspectos que diferencian tu forma de vivir de la que otras personas tienen alrededor de ti?*
- *¿Ves y piensas, en ocasiones, como los discípulos de Jesús o como los fariseos de la época de Jesús?*
- *¿En qué cosas ves que tu forma de ver, pensar y vivir se parecen a la de Pablo, especialmente en medio de las circunstancias de sufrimiento?*

Los cristianos debemos poder mirar a esta crisis por coronavirus y a cualquiera otra desde la mente y desde las fuerzas de Aquel que venció a la muerte misma resucitando al tercer día de haber sido crucificado. De hecho, "evangelio" significa exactamente eso: buenas noticias de victoria.

Si no eres seguidor de Jesús y te gustaría ver todo de otra manera, observa a Jesús de cerca en los Evangelios, porque es el mejor comienzo. ¡Te garantizo que no tiene desperdicio! Te cautivará, si le dejas, por su sencillez y poder a la vez, completamente hombre, completamente Dios. Para eso se escribieron esos textos: para no tener que depositar una fe ciega, sino una en base a los testimonios de quienes observaron de primera línea los acontecimientos que cambiaron la historia.

El "Evento Resurrección" fue el principio y final de muchas cosas. Y cuando llegues a contemplar lo que se nos muestra de ese evento, si estás dispuesto a observar las circunstancias en que aquello se produjo, quizá percibas cómo algo pasa en tus ojos y tu mente, para empezar a ser consciente de cosas que nunca antes habías percibido. Porque esa muerte y resurrección tienen todo que ver contigo. Eres causa de lo primero, pero también puedes ser beneficiario de lo segundo cuando aceptas ese regalo.

De esa resurrección hubo multitud de testigos que estuvieron dispuestos a dar su vida por lo que habían visto. Nadie muere voluntariamente por sostener una mentira. Lo que había pasado, además, les daba una seguridad sobrenatural como para enfrentar lo que viniera, como vemos en Pablo, que no sabe si morir para ir con su Señor, o seguir viviendo para extender su evangelio. Para quien no cree, es de locos. Para él, era el poder de Dios.

Ese evento de la muerte y resurrección de Jesús cambió la historia y el devenir de los tiempos, y también cambio la vida de Pablo y muchos millones desde entonces hasta nuestros días, incluso hoy en que lo sentimos tan anacrónico. Como hemos visto, otros contemporáneos de Jesús, sin embargo, teniéndole delante haciendo milagros no quisieron aceptar lo que era evidente: que había algo más en Él que no un simple maestro bueno.

¿Puede ser que en medio de todo esto, de la pandemia o cualquier crisis que atravieses, Dios esté presente, esté poniendo cosas delante de ti y, sin embargo, no le estés viendo? ¿Puede ser que te niegues a considerarlo siquiera, porque su actuación no es la que tú querrías o aprobarías, porque no entiendes lo que está pasando (ni yo tampoco)?

Creo que es fácil perderse muchas cosas increíbles cuando cerramos la puerta a ver más y mejor antes de tiempo. Las razones en cada cual son diferentes: el prejuicio y el daño que la religión han sembrado en nosotros, el desinterés por cualquier cosa que no sea palpable con nuestros sentidos, la opinión de los demás, la autosuficiencia o la necesidad extrema de ser independientes, que nos ciegan. Todos hemos estado ahí y yo también. A veces me aproximo de nuevo peligrosamente a ese punto, sobre todo cuando me faltan las fuerzas por pelear estas cosas yo sola y cuando me aparto de lo que Jesús me ofrece. Incluso creyendo, a menudo flaqueamos y, quien te diga lo contrario, te engaña.

Sin embargo, cuando podemos tener modelos de referencia como Pablo, que siendo humano simplemente, como tú o como yo, puede ver las circunstancias de forma increíble, entonces una nueva puerta a la esperanza se abre frente a nosotros. ¿La ves? ¿Puede ser que facilitarnos ver todo esto fuera parte del propósito para que Dios mismo permitiera el sufrimiento de Pablo, que tanto le amaba y le servía? Muchos dirían que Pablo era un loco por servir a alguien así. Otros creemos que estaba cautivado absolutamente de ese algo increíble que no siempre somos capaces de ver.

ALGUNAS PREGUNTAS PARA REFLEXIONAR:

- *¿Qué piensas cuando ves ejemplos como el de Pablo?*
- *¿Cuánto afrontamiento humano ves y cuánto te parece sobrenatural?*
- *¿Qué piensas de un cristianismo que no te cambia profundamente la vida?*
- *¿Piensas que en estos momentos puede haber delante de ti aspectos que no estás contemplando acerca de un Dios que quiere relacionarse contigo en medio de este tiempo complicado?*

4
¿LOCURA?

¿Cómo se puede explicar todo esto
si no es por medio de lo sobrenatural?
¿Cómo podemos conseguir algo así
en nuestras propias fuerzas?
¿Es eso acaso posible?
Desde los ojos simplemente humanos,
¿cómo no considerar locura a esto?
Muchas preguntas y, aparentemente,
pocas respuestas a simple vista.
Necesitamos, de nuevo, perspectiva.

Todo lo que está pasando alrededor nuestro en este momento de pandemia nos ha tenido como locos. Hemos estado absorbidos por la marabunta informativa y desinformativa, y ahora quizá estamos algo más tranquilos porque nos estamos dejando seducir por una nueva normalidad que demasiadas veces no tratamos como tal. Pero sería un error que la comodidad nos engañe. Es fácil dejarse llevar por todo esto y complicar, incluso más, la poca normalidad que nos queda, porque podemos empezar a enfrentar repuntes y desbordamientos sanitarios, si no andamos con cuidado.

Muchos, por otro lado, en medio de lo sucedido se han quedado como atascados entre espinos. Porque las cosas que nos fascinan (aunque nos den miedo a la vez) tienen ese poder sobre nosotros: hacen que no veamos nada más y entonces nos vemos envueltos en una malla de incertidumbre y ansiedad que nos bloquea la vida normal.

El sufrimiento es uno de esos elementos que atrapan nuestros sentidos y nuestro pensamiento a todas horas cuando estamos en tiempos de crisis. Entonces, nuestra vista, incluso con una perspectiva de esperanza como la que aporta el cristianismo que vemos en Pablo, parece quedar nublada como para nunca más volver a aclararse. Esa es la experiencia de quien se confiesa cristiano pero no se ha entrenado para enfrentar el día malo, que siempre llega. Ser cristiano es más que obtener un ticket al cielo. Es reconocer que el mismo Jesús que salva en lo eterno nos salva también en nuestro día a día de formas que resultan al resto una completa locura.

Por eso, leer las palabras de Pablo en medio de su sufrimiento resulta tan increíble. En él sí que vemos el resultado de un recorrido de duro entrenamiento para enfrentar lo que tenía por delante. Y vuelvo una y otra vez sobre esas palabras en estos días, porque quiero para mí más de lo que veo ahí y no siempre encuentro en mi vida.

Pareciera que nada le afectara, que es inmune al dolor, pero realmente no es así. Pablo sabe perfectamente que su vida está en juego, mucho más que la tuya o la mía en esta pandemia.

El libro de Hechos (capítulo 16) nos relata otro momento de encarcelamiento de Pablo con su acompañante Silas y sus circunstancias (vv. 22 y 23). Rodeados y avasallados por una multitud, llevados ante los magistrados, les rasgan las ropas y les azotan con varas. Tras azotarles mucho, les llevan al fondo de la cárcel, al calabozo situado más al final y les atrapan con un cepo. ¿Su reacción? Cantaban himnos a Dios y los presos los oían (v. 25). Verdaderamente de locos, solemos pensar. A no ser que haya algo más...

Mi primer pensamiento es un grito: ¡Yo quiero esa reacción para mí cuando me encuentre ante las circunstancias más adversas de mi vida, que seguramente no lo serán tanto como estas que él vivía! ¡Quiero vivir por encima de ellas, sobrevolarlas! ¡Quisiera que nada me pillara desprevenida y estar siempre preparada! ¿Qué podían tener Pablo y Silas en mente para reaccionar así? ¿O Jesús para decir en la cruz: "Padre, perdónalos, porque no saben lo que hacen"? Nadie actúa así en su sano juicio... a no ser que su pensamiento haya sido transformado por una perspectiva diferente.

Entonces, ¿estaban tan locos como parecían? ¿Es esa la explicación? ¿O hay alguna más que tenemos que seguir buscando?

ALGUNAS PREGUNTAS PARA REFLEXIONAR:

- *Cuando lees la carta de amistad que escribe a los Filipenses, de 0-100, ¿cuál es el grado de locura que aplicarías a Pablo por las reacciones que ves en él en medio de su situación?*
- *Si no le llamarías "locura" exactamente, ¿cómo describirías lo que le está pasando?*
- *De todo lo que ves en las reacciones de Pablo ante el dolor y su situación, ¿qué es lo que más increíble te parece y que tú no podrías hacer en tus fuerzas?*

Cuando leemos a Pablo en la carta a los Filipenses y le vemos hablar, encontramos un lenguaje que nos descoloca:
- entre vivir y morir, no sabe qué escoger (1:23),
- para Pablo "el vivir es Cristo y el morir es ganancia" (1:21),
- tanto la muerte como la vida pueden ser la forma de su liberación y dice que está puesto en estrecho entre esas dos

opciones, no sabiendo con cuál quedarse (1:19-20),

- dice nos gocemos en el Señor siempre (4:4)... ¡y esto son solo algunos ejemplos!

¿Qué le pasa a Pablo por la cabeza para decir todo esto? Francamente, después de una primera lectura, uno no piensa muy diferente a los que le llamarían loco. Las alternativas que se nos vienen a la cabeza son varias y ninguna mucho mejor: ¿obsesivo?, ¿fanático?, ¿tonto?, ¿extremista?... como poco.

Ahora bien...

- ¿Y si Jesús, a quien Pablo seguía desde que fue alcanzado por Él, no fue un loco, sino quien verdaderamente dijo ser? ¿Y si realmente era el Hijo de Dios, con poder sobre la vida y sobre la muerte como demostró en la resurrección ante múltiples testigos durante muchos días, y eso es justamente lo que Pablo sabía y le hacía ver todo diferente? (Juan 11:25-27)
- ¿Y si Pablo, por todo ello, estuviera más bien cautivo de su Maestro, de lo que su muerte y resurrección significaban, y no loco como pensamos? (1 Corintios 1:18 y 19).
- ¿Y si, como Pablo mismo explica en el segundo capítulo de su carta a los Filipenses (2:5-11), el modelo de entrega y sufrimiento de Jesús le hubiera absorbido hasta tal punto que le inspirara y motivara a seguir sus pasos? ¿Acaso no significa eso ser cristiano, no martirizándose, sino entendiendo lo que implicó esa entrega, contar a otros las buenas noticias de lo que había encontrado y vivir diferente en medio de su terrible circunstancia?

La nueva visión de Pablo, que le cautiva más que su situación adversa, le hace:

- interpretar las dificultades de forma diferente
- ver propósito en ellas (aunque no sea para su propio beneficio material o inmediato),
- trasladar gozo y ánimo a sus hermanos en medio de la dificultad,
- animarles a ver el sufrimiento por su Señor como un privilegio que les es concedido,

- estar dispuesto incluso, más alllá, a ver cómo el evangelio era predicado de forma muchísimo más potente porque su situación generaba un ánimo difícil de explicar en la comunidad que pastoreaba y hasta en aquellos que le criticaban.

Jesús y su mensaje de buenas noticias para la gente eran todo para él. Y eso parece de locos.

ALGUNAS PREGUNTAS PARA REFLEXIONAR:

- *¿Has encontrado en las líneas de la carta a los Filipenses algunas otras expresiones aparte de las que hemos mencionado que te resulten impensables de decir en un momento de dolor como el que estamos viviendo?*
- *¿Cuál de las dos posibles explicaciones que mencionamos, la de locura o la de cautivado, es la que te parece más plausible al observar a Pablo en medio de su situación?*
- *Cuando te fijas en la estructura, pensamiento y discurso de Pablo como autor de un documento como este, ¿se te asemeja al discurso natural que tiene una persona que esté trastornada psicológicamente? ¿Cuál sería la forma de hablar de un loco, según tu intuición?*

¿Cómo se puede explicar todo esto si no es por medio de lo sobrenatural? ¿Cómo podemos conseguir algo así en nuestras propias fuerzas? ¿Es eso acaso posible? ¿Cómo no considerar esto locura desde los ojos simplemente humanos? Muchas preguntas y, aparentemente, pocas respuestas. Necesitamos, de nuevo, perspectiva.

La diferencia entre ver esto como locura o como una dependencia asombrosa, como estar cautivado por el sacrificio y poder de Otro, es un salto de fe, pero no al vacío, como algunos creen, sino desde la observación de cómo Dios puede intervenir en nuestro sufrimiento de forma poderosa cuando nos disponemos a que lo haga.

La cautividad es un concepto denostado y despreciado en nuestra sociedad. Queremos ser libres de todo y de todos a cualquier precio. Sin embargo, somos más esclavos que nunca de muchas cosas alrededor: estabilidad, un estado de bienestar, la opinión de los demás, sus expectativas y las nuestras sobre lo que significa el éxito en la vida...

Pero ¿qué sucedería si esa cautividad fuera absoluta y arrebatadoramente liberadora, al descansar en el poder de Otro que nos ama de esa forma total? ¿Y si el ejercicio de nuestra verdadera libertad pasara por amar sin medida a quien puede llevar nuestra carga, porque su poder es el mismo que operó en el "Evento Resurrección"? Una cautividad por amor, no por imposición, desde la libertad con la que fuimos creados, solo que arrebatados por quien primero se hizo cautivo por nosotros.

Leer lo que escribe Pablo en su carta a los Filipenses hace que salten todos nuestros esquemas. Algo veía él que le mantenía en la convicción de que, aun en medio de la adversidad, Dios le amaba profunda y completamente, a pesar del tipo de persona que Pablo había sido.

La cruz de Cristo se lo recordaba constantemente, porque significaba que Dios, hecho carne en la persona de Jesús, había venido a morir por él. Y eso le tenía cautivado. Se había hecho esclavo por voluntad propia de quien había rescatado su vida para la eternidad y rescataba su ánimo en cada momento difícil. Ese era su punto de partida y el lugar de destino en que aterrizaban todos sus pensamientos. Esa visión le hacía percibir un gozo que no se entiende sin una mano sobrenatural. Daban igual las circunstancias: estaba gozoso porque sabía que, a pesar de ellas, Dios le amaba de manera inapelable. La cruz le hacía no poder dudar del amor de Dios en medio del dolor. Estaba realmente cautivado y contento por estarlo.

Por otro lado, sabiendo que tras la cruz llegaba la resurrección, la esperanza crecía al pensar que el poder que resucitó a Jesús de los muertos era el que obraba en Pablo en aquella situación que vivía. Era ese poder el que le daba fuerzas y ánimo, gozo y paz sobrenaturales. Si en algún lugar podía buscar poder para enfrentar esa circunstancia era en Aquel que había vencido a la muerte, en ningún otro. Así que ese tándem, un amor indudable y un poder incontestable, le sostenían a flote sin tener que plegarse a la situación, por dura que fuera.

Pablo, como su Maestro, en medio de una circunstancia horrible, acompañados ambos siempre de una visión realista de su situación (porque no la negaban en ningún caso) y de una fe fuerte en quien todo lo sostiene y lo puede, parecen ver también cosas que nosotros no vemos: una cruz de fondo y una tumba vacía que lo cambian todo. Y a partir de ahí, Pablo ve bendición, regalos inmerecidos a los que llama "gracia", esperanza en el futuro, convicción de liberación –sea por vida o por muerte (1:19:20)– e incluso gozo, que es más que simple alegría, en medio de todo su sufrimiento.

Su atención no está puesta en sí mismo o su bienestar, lo cual podría ser incluso legítimo. Eso es probablemente lo que más nos sorprende. La visión de Pablo está en Su Maestro y en el propósito por el que Jesús vino a sufrir: salvar a otros, entre los que nos encontramos, entre los que Pablo mismo se hallaba. Vino por todos, pero no todos le recibieron. Jesús hizo voluntariamente el sacrificio de pagar nuestra deuda con Dios cautivado de amor por sus criaturas, aunque estas le despreciaran entonces y también en medio de esta pandemia, que es una nueva oportunidad de encontrarnos con Él como nunca lo habíamos hecho.

La pretensión de Pablo no era sino que Cristo fuera conocido por las personas, para que también resultaran alcanzadas por el mismo amor. Le daba igual si el mensaje se extendía por buenas o malas motivaciones de los que intentaban hacerle la vida aún más imposible y le criticaban aprovechando su tiempo difícil. Algunos hablaban de ello solo para hacerle daño, como dice en su primer capítulo de la carta (1:18), pero lo que tenía para compartir era demasiado bueno como para quedar callado.

¿Nunca te ha sucedido que encuentras algo que te apasiona, que te arrebata de tal manera que te lleva a hablar de ello una y otra vez con las personas que tienes cerca? ¡Toda situación se convierte en una oportunidad para compartir ese tesoro que tienes entre manos! Y eso era, justamente, lo que le pasaba a Pablo. Que no podía retener para sí lo que había encontrado.

Su deseo a través de la carta es que sus amigos se centraran en lo importante sin desalentarse por las circunstancias alrededor: "Regocijaos en el Señor siempre. Otra vez digo: ¡Regocijaos!" (4:4), les dice. Quería transmitirles a ellos lo que estamos buscando nosotros hoy. Los filipenses no solo eran amigos. Eran familia de la fe, hermanos en el mismo Jesús que les había dado pleno acceso a formar parte de la familia de Dios, que vive la vida de otra forma y ve la realidad difícil de otra manera. Por eso les habla en un lenguaje que les retaría pero que, sobre todo, les animaría y que entenderían perfectamente, porque ellos mismos, que también estaban pasando dificultades por creer y compartir lo que creían, estaban cobrando fuerza en medio de todo.

Esa decisión de vivir con gozo por encima de la circunstancia de dolor, es posible y necesaria para sobreponerse a muchas de las esclavitudes de nuestro tiempo. Cautivados por el Señor, sí. Cautivados por las circunstancias, no.

ALGUNAS PREGUNTAS PARA REFLEXIONAR:

- *Mil veces habrás visto imágenes de la cruz por todas partes. ¿Qué sugiere para ti este símbolo? ¿Ves algo parecido a lo que ve Pablo cuando la observa?*

- *¿Por qué es tan importante para su forma de ver el sufrimiento, no solo que Pablo se fijara en la resurrección (la parte "bonita" de la historia), sino también en la cruz (la parte más fea y escabrosa que representa muerte)?*

- *¿Ves compatible que una decisión voluntaria de cautivarse a algo o alguien pueda traer verdaderamente liberación como la que vemos en Pablo respecto a sus circunstancias?*

- *¿Tiene algo más de sentido si contemplas la acción de Jesús como la consecuencia de estar cautivado de amor por sus criaturas?*

5

INTEGRIDAD

Las épocas de supervivencia nos llevan muchas veces
a renunciar a principios, valores y convicciones
que daban solidez a nuestra vida,
pero que parece que se hacen puro líquido
frente a la dificultad.

La crisis que estamos viviendo lo ha cambiado todo. La normalidad que conocíamos ya no va a volver, o al menos eso parece. Nada será igual, porque también nosotros hemos cambiado. Nuestra forma de vivir ha sido modificada en estas pocas semanas. Hábitos, expectativas, prioridades, recursos disponibles, libertades... Es en ese sentido que a lo mejor que podemos aspirar es a una nueva normalidad y es de lo que buena parte de nosotros nos estamos intentando concienciar.

Algunos, en medio de esto, han decidido esperar a ver si la cosa vuelve a su cauce, sin más. No están aplicándose en ajustarse al cambio, sino que se han hecho a un lado en alguna medida y están retrasando habilidades y enfoques en los que otros ya están avanzando y que les darán ventajas competitivas importantes para superar esta crisis compleja. Así, todos somos seres humanos cambiantes que se enfrentan también a una realidad cambiante, solo que cada cual lo enfrenta como quiere o como puede.

Lo que es una característica también propia del ser humano es que nos cuesta mantenernos estables en nuestra visión cuando las circunstancias alrededor cambian. Por lo menos, a mí me pasa.

En un sentido, está bien ser flexibles y aprender de la situación en la que estamos. Si en algo estamos equivocados, rectificar es de sabios. Cuando eso sucede, enriquecemos nuestra visión del mundo y renunciamos a nuestra propia rigidez en pro de una visión más ajustada. Pero, por otra parte, lo que sucede también es que las épocas de supervivencia nos llevan a renunciar a principios, valores y convicciones que daban solidez a nuestra vida, pero que parece que se hacen puro líquido frente a la dificultad.

La inconsistencia, esa característica nuestra relacionada con no mantenernos en nuestra postura a pesar de la circunstancia, es uno de los grandes comodines a los que las personas nos agarramos en este primer mundo del siglo XXI para hacer realmente siempre lo que queremos. No nos autodenominamos así, claro, porque no queda bonito decir que se es un inconsistente. Seguimos sabiendo que la estabilidad es una fortaleza del ser humano, por muy "elásticos" que luego seamos al vivir nuestras vidas. De manera que es una de esas grandes contradicciones entre la manera en la que vivimos (como inestables a la carta de las circunstancias) y las personas que decimos ser (estables y consistentes en todo lo que hacemos, porque queda mucho mejor).

ALGUNAS PREGUNTAS PARA REFLEXIONAR:

- *¿Te consideras, en general, una persona de principios? ¿En qué tipo de situaciones lo notas especialmente?*
- *¿Has sentido alguna vez que se te criticaba o enjuiciaba por ello?*
- *¿Cuáles son los valores principales que mueven tu vida, tus conductas, tus palabras, tus pensamientos...?*
- *¿Te ha sucedido alguna vez que, frente a la dificultad, has variado tu visión acerca de las cosas?*
- *¿Has tenido alguna vez la impresión de que, al suceder esto último, habías renunciado a una parte de lo que te definía?*

La realidad de las crisis deja bien patente que somos lo que somos y ninguno nos escapamos de eso. La dificultad suele sacar de nosotros lo mejor y lo peor. Luego está, por supuesto, lo que decimos, pensamos y terminamos creyendo que somos. Y lo primero no tiene por qué coincidir con lo segundo. Ser constantemente cambiantes de opinión y dejarnos llevar por el viento que más nos conviene en cada momento nos ha convertido en buena parte de lo que reflejamos como individuos y sociedades a día de hoy en este mundo nuestro:

- Personas que no piensan o tienen opiniones sólidas sobre las cosas, porque nos permitimos improvisar sobre la marcha, *fluir* en todos los sentidos posibles. Ese verbo es el verbo estrella en nuestro siglo. El rigor y la seriedad, por otra parte, son lo de menos, porque lo importante es el *flow*. Nadie debe esperar de nosotros que nos mantengamos, aparentemente, porque es nuestro derecho improvisar y cambiar constantemente de opinión. Lo importante es ser lo más felices posible en cada momento.

- Gente sin demasiados principios, porque somos tolerantes o intolerantes a conveniencia, radicales o flexibles si nos viene bien, inmorales o legalistas dependiendo si la venia es para nosotros o para otros. Es lo que siempre se llamó un doble rasero o una doble vara de medir. La ley del embudo, dicho en términos más llanos, si cabe, porque nos deja la parte ancha a nosotros y la estrecha a los demás, que son lo de menos.

- Individuos sin palabra, sin sentido del honor, no comprometidos más que con nuestros propios impulsos a cada paso. Lo que dije ayer, lo cambio hoy sin ningún problema, donde dije "digo", digo "Diego"; cero sentimiento de decoro o incomodidad al no tener más razón que mi propio impulso, traiga eso las consecuencias que traiga para los demás.

Podríamos seguir un rato más en esta línea, pero creo honestamente que no es necesario. Todos identificamos el fenómeno, que no hace sino empeorar conforme pasa el tiempo. Es lo que siempre se llamó egoísmo, solo que va mutando de generación en generación y cambiando de disfraz, pero teniendo el mismo fondo de armario.

Lo verdaderamente sorprendente a día de hoy, por tanto, es encontrarse con personas que se comportan de manera estable, da igual si están solos o acompañados, al margen de en qué ambiente estén, incluso cuando eso tiene un alto precio. Cambiamos todo el tiempo de opinión y de rumbo porque nos conviene en el ámbito individual. Nuestros valores no son los mejores a la vista de nuestras acciones (somos individualistas, materialistas, hedonistas... una joya, vamos), aunque de palabra nos sigue gustando mostrarnos como personas generosas, pacíficas y solidarias.

No somos capaces de mantenernos y darle estabilidad a nuestras propias vidas y enfoques, porque la propia estabilidad se ha convertido en un contravalor hoy en día, aunque sea políticamente incorrecto decirlo tan abiertamente.

Lo que se lleva ahora es la velocidad y todo tiene que moverse de forma líquida, en todas las direcciones posibles, para no ser tildado de anticuado, desfasado o de otro siglo. Esa es una gran manera de eludir responsabilidades, por otro lado, para que nadie tenga que decirnos ni reprocharnos nada. Si cambiamos las normas del juego, y las hacemos "fluidas", parece que no hay trampa posible. La trampa, sin embargo, está en la propia modificación de las normas de juego y el doble rasero que eso sigue implicando.

Ahora bien, esta crisis por coronavirus nos ha parado en seco. Ya no mandamos nosotros (si es que eso pasó alguna vez). Quizá solo lo creímos. Ahora las normas nos han venido impuestas y hay que amoldarse, aunque algunos siguen resistiéndose. Y los que lo hacemos no lo hacemos por servilismo, créeme. Lo hacemos en conciencia. Esto nos está obligando a tener que mantenernos quietos por un buen tiempo, aunque no nos guste. Tanto es así, que la propia vuelta al movimiento está dando miedo a mucha gente y no están pudiendo escapar de tener que pensar y hacerlo con cierta solidez y reflexión, porque es nuestra vida una y otra vez lo que está en juego.

Algunos, inexplicablemente, siguen sin parecer unir los puntos y evaden minuto a minuto, hora tras hora, la urgencia de ser sabios ante esto que vivimos. Y con esa actitud, no solo se exponen ellos, sino que nos exponen a los demás a cada necedad que acometen. Porque la situación de pandemia está imponiendo sus propias normas y aquí y ahora no hay trampa que valga.

ALGUNAS PREGUNTAS PARA REFLEXIONAR:

- *¿Qué has descubierto sobre ti en medio de esta pandemia?*
- *¿Hay algo que te haya sorprendido especialmente de tu persona, para bien o para mal, y que estaba muy lejos de lo que esperabas?*
- *¿Qué valor tiene para ti que una persona sea íntegra en cómo se conduce en la vida?*
- *¿Alguna vez, dentro o fuera de esta crisis, has observado (e incluso sufrido) que las personas alrededor de ti cambien en función del viento que sopla?*

Estamos, entonces, teniendo que aprender lecciones más tarde de lo que deberíamos y ni siquiera sabemos por cuánto tiempo las retendremos, porque como buenos inconsistentes, sospecho que cuando todo vuelva a rodar, y ya está empezando, volveremos a nuestra tendencia natural, que es la de hacer lo que queramos, cuando queramos y como queramos. Y estamos teniendo que ponernos de cara a los temas que más tememos: enfermedad, muerte, desempleo, precariedad económica, incertidumbre, trascendencia... y a tener que hacer las cosas desde cierta disciplina y orden en la vida. Pero algunos se resisten con uñas y dientes, lo cual no les ayudará, aunque ellos no lo sepan. Nada nos hace más tontos que ser sabios en nuestra propia opinión.

Ahora, en medio de todo esto, vemos que la cosa no fluye como desearíamos y, en definitiva, aquello a lo que nos enfrentamos tiene nombres muy concretos: dificultades, sufrimiento, incertidumbre, dolor. Justo de lo que huye el inconsistente.

Que la nueva normalidad no te engañe, o los periodos interguerras: este conflicto no ha terminado y sigue siendo necesario trabajar para preparar nuestro granero de cara al invierno.

Las personas cambiamos de opinión para no tener que enfrentar la verdad, para eludir situaciones que no nos agradan. Cambiamos de amigos cuando los que tenemos nos traen dificultades, por ejemplo. Sustituimos relaciones, pero no las reconstruimos cuando se deterioran. No digamos en el ámbito de la pareja, en que la solidez es ya cosa del pasado.

Pero cuando llegó ese pequeño coronavirus y nos obligó a quedarnos en casa sin salir, a estar con las mismas personas todo el tiempo, a no poder eludir la realidad aplastante que se nos venía encima, a tener que ir tomando decisiones que no se podían posponer porque requerían de una acción inmediata, ahí cambiaron algunas cosas. Así que tal parece que esta pandemia nos ha traído a buena parte de nosotros, de alguna manera, no lo que queríamos, desde luego, sino en alguna medida algo que quizá necesitábamos, que era un poco de solidez. Pero a un precio altísimo y con muchísimo dolor asociado, eso es evidente.

Ante la dificultad, en general, se impone tener un plan, una buena estrategia, y ser inteligentes al aplicarla. La gran pregunta es múltiple, en este caso:

- ¿Cuál es tu plan para enfrentarte a todas estas cosas?
- ¿Podrías hacerlo como has visto hasta aquí que lo hace Pablo?

Quizá no aspiras a parecerte necesariamente a ese referente, con lo que la siguiente pregunta es ¿tienes un plan mejor?

ALGUNAS PREGUNTAS PARA REFLEXIONAR:

- *¿Cuáles son, para ti, las grandes lecciones que estás aprendiendo en medio de esta pandemia?*
- *¿Crees que cuando pase retendrás esos aprendizajes? ¿Los estás reteniendo en los periodos "interguerras", entre combate y combate?*
- *¿Cómo ha sido esto en otras crisis pasadas por las que has tenido que atravesar en tu vida?*
- *Si esta situación se prolonga, como parece que va a suceder, ¿has pensado algún plan para hacerle frente teniendo en cuenta esas lecciones que estás interiorizando?*
- *¿Se parece en algo a la planificación que crees que haría Pablo ante su dificultad?*

Lo increíble de Pablo no es solo que piense como piensa, que actúe como actúa y que se mantenga firme en ello. Eso, en comparación con cómo somos las personas en este tiempo, ya sería mucho. Lo alucinante verdaderamente es que lo haga A PESAR de su circunstancia de sufrimiento y dolor. Y ahí es donde nos enfrentamos al asunto de la consistencia. Porque la clave no es solo llegar a conclusiones, sino ser capaces de mantenerlas en el tiempo.

Ser estable en espacios de bonanza, cuando todo va bien, es sencillo relativamente. Lo increíble es que la situación, terrible como era, en que Pablo está no le mueva de donde tiene sus pies establecidos.

Su visión acerca de la vida presente y venidera era tan sólida, estaba tan firme en lo que creía y había vivido, tan anclada en la fe hacia lo que aún no veía pero sabía cierto, que se mantenía, contra todo pronóstico. Y eso también recolocaba el valor de la dificultad que atravesaba. Esto es lo que verdaderamente rompe todos nuestros esquemas cuando analizamos sus reacciones y sus palabras en la carta que escribe. Su fortaleza es inamovible porque está establecida sobre el más sólido cimiento.

Pocas cosas hay, como el sufrimiento, que nos hagan cambiar nuestra postura sobre lo que tenemos delante. No solo es que nos lleva a reflexionar o a crecer, o que reorganiza nuestras prioridades generalmente a mejor, aunque paguemos el precio del dolor. Eso es algo que casi todo el mundo asume, incluso aunque no se sea cristiano. Lo que suele suceder es que, ante el sufrimiento, que nos aprieta, nuestra postura sobre las cosas suele cambiar, y tristemente también nos sucede como cristianos, que creíamos entender los principios que a Pablo parecen resultarle tan básicos:

- Quien creía en la existencia de un Dios, por ejemplo, frente a las circunstancias empieza a plantearse que no lo hay.
- Si creía en un Dios bueno, frente a esta pandemia se lo cuestiona ante su aparente falta de intervención.
- Si además leemos a Pablo diciendo que ese Dios tiene una voluntad buena, agradable y perfecta, entonces directamente nos apetece pegar un portazo para no volver a mirar atrás ni escuchar cosa semejante.

Sin embargo, Pablo no hace ninguna de estas cosas, sino que en su sufrimiento, se reafirma en todas esas verdades a las que se ha entregado sin remisión. No es fácil, pero es sólido.

En esos casos, lo que surge de nosotros es modificar nuestra visión de las cosas. Reacciones líquidas, que se amolden al momento renunciando a lo que uno es, incluso. Y no hablo de flexibilidad. La flexibilidad es un valor. Hablo de falta de integridad.

De hecho, Pablo, como persona que había aprendido a contentarse cualquiera que fuera su situación, abundante o escasa, era una persona flexible. Pero modificaba y flexibilizaba aquello en lo que era posible plegarse. En aquello que constituía el ancla de su vida, sin embargo, era estable. No por sus fuerzas, sino porque su ancla era sólida como ninguna.

Algunos, si están cautivos de lo que cautivó a Pablo y afianzados como él a lo que Jesús representaba, se mantendrán, venga la tormenta que les venga. Su número es posiblemente menor que el de aquellos que sucumbirán a las circunstancias. No sé a qué grupo perteneceré, pero me gustaría ser de los primeros.

Mantenerse no vendrá sin dificultad, como le pasaba a Pablo. Él, de hecho, hablaba constantemente de la vida del creyente como una lucha en la que mantenerse firme era muy difícil y del todo imposible si no es con la armadura de Dios que hemos de ponernos cada día (puedes leerlo en su carta a los Efesios 6). Pero ese ejercicio, imposible en nuestras fuerzas, es posible en las que proporciona agarrarse a Jesús, la roca de los tiempos que Pablo redescubría, como nunca, en los tiempos de dificultad.

ALGUNAS PREGUNTAS PARA REFLEXIONAR:

- *¿Qué es lo que más te sorprende de la conducta de Pablo en medio de su encarcelamiento y dificultades?*
- *¿Piensas que le ayuda en algo tener delante de sí al modelo sufriente que es Jesús mismo?*
- *¿Cuánto peso tiene en ese modelo, no solo la parte del sufrimiento, sino el elemento "resurrección"?*
- *¿Explicarías lo que le sucede a Pablo como una inclinación masoquista?*

Quizá, como figura contrapuesta a la que vemos en Pablo y que se parece mucho más a lo que estamos acostumbrados, la mujer de Job, del que tanto hablamos cuando pensamos en sufrimiento, fue una de las personas de la historia que mejor y de forma más políticamente incorrecta lo expresó. Puede que fuera, por otro lado, más honesta que muchos de nosotros ante la realidad del dolor propio y ajeno, porque puso en palabras lo que muchos piensan y no dicen.

Frente a la desgracia absoluta de su marido y al comprobar que Job se mantenía íntegro en su postura de bendecir a Dios a pesar de todo, las palabras fueron aplastantes: "¿Aún retienes tu integridad? Maldice a Dios y muérete".

Esta frase, dura y directa como es, se parece bastante a lo que muchos cristianos hoy en día recibimos de la gente de alrededor cuando decidimos mantenernos firmes, aunque sea con dificultad, en nuestra fe en Dios en medio de esta pandemia y todo lo que trae. "¿Todavía crees en ese Dios tuyo? Debes de ser muy tonto para ver todo esto y no cambiar tu postura. ¿En qué te ayuda ser cristiano si Dios permite que te pase todo esto? Si no dejas de ver las cosas así, todo lo que te pase te lo mereces".

Sin embargo, Pablo se mantiene íntegro contra todo pronóstico. "En aquello a que hemos llegado, sigamos una misma regla, sintamos una misma cosa" (3:16) y dice "Sed imitadores de mí" (3:17), no por prepotencia o soberbia, sino porque Pablo imita a Cristo, su modelo de sufrimiento y de victoria (cap. 2).

Su circunstancia, increíblemente, no varía su cosmovisión. Su vivencia del presente no altera la esperanza de su futuro. La realidad de la resurrección de Su Maestro operando en su situación le hace seguir adelante, proseguir adelante hacia la mejor y más alta de las metas: Cristo mismo, con el que desea estar, pero no sin antes haber cumplido con su encargo de alcanzar a cuantos más mejor con ese mensaje cautivador que transforma la vida.

El poder que obró la resurrección es el que mantenía a Pablo en su sitio, a pesar de su naturaleza humana, exacta a la nuestra. Era del todo sobrenatural lo que allí sucedía, pero no era menos real por eso. Aquello era demasiado bueno como para perderlo, incluso en la peor circunstancia. Y Pablo no se mantuvo allí porque fuera un superhombre, sino porque sabía que la única opción de verdadera calidad y solidez que tenía por delante era esa.

Ese mismo poder de la resurrección es el que obra en nosotros cuando dejamos que Dios intervenga en nuestra vida. Los ecos de esa fortaleza resuenan en los cánticos de quienes, por ejemplo, en aquella misma época, por ser cristianos eran lanzados a los leones en el circo romano.

Ellos, como Pablo y Silas en la cárcel, también cantaban. Y sus cánticos dejaban atónitos a quienes escuchaban. Eran y son profundamente incomprendidos. En el mejor de los casos, admirados, pero considerados casi como unos lunáticos fanatizados.

¿Qué podía ser tan cautivador como para mantener su integridad en aquel momento? ¿Qué causa merece más la pena que la propia vida? La visión gloriosa del lugar al que se dirigían, sabiendo que aquí estaban de paso y la visión del Maestro que se había entregado por ellos para reconciliarles con Dios mismo, les acompañaba en aquel trance y les hacía más fuertes que cualquier instinto de autopreservación.

Pablo, con un currículum impecable hasta que se encontró con el Maestro que desafió todos sus esquemas, renuncia a sus muchos méritos para abandonarse a que su vida estuviera escondida en Jesús, parapetada en el que murió por él, abandonado a un amor sin reservas que colapsaba todo lo demás. Su Señor ya no le vería a través de aquel currículum impecable para el hombre, e insuficiente a la vez para Dios. Sería considerado, no solo aceptable, sino perfecto gracias al sacrificio y padecimientos de Jesús, resucitado de los muertos.

Loco de amor, íntegro hasta el final, porque todo lo que había estimado era como basura frente a lo que se alzaba delante, soberbio e incomparable. Pablo era ciudadano del cielo, y eso le arrebataba de alegría cualquiera fuera su circunstancia.

ALGUNAS PREGUNTAS PARA REFLEXIONAR:

- *Si eres seguidor de Jesús, ¿alguna vez te han insultado o cuestionado por seguir creyendo en medio de alguna circunstancia adversa que hayas vivido?*
- *Si no lo eres, ¿has pensado alguna vez que la gente que cree y tiene esa vivencia del dolor desde la fe es tonta o, quizá, falta de cordura?*
- *¿Cómo explicas que Pablo, siendo humano como tú y como yo, pueda vivir una experiencia sobrenatural como la que se destila de la carta que escribe a los filipenses?*

6
GOZO

El sufrimiento no trae gozo.
Eso es una realidad inapelable. Es antinatural.
Tener alegría en medio del sufrimiento
raya casi con el masoquismo...
A no ser que la reacción de gozo se produzca
por razones que no entendemos y que nos exceden.

¿Pudiera ser un desequilibrio emocional lo que sufría Pablo? ¿Un "cruce de cables" de alguien que no está en su sano juicio? ¿O es que hay algo más que se nos está escapando? Pablo, si somos honestos, no apunta maneras en cuanto a ser un loco. Su discurso tiene una lógica tras él, aunque parezca la antilógica en esencia. Así que, quizá, tenemos que fijarnos en algunos matices para poder entender mejor qué pasa en la mente de Pablo cuando escribe y por qué puede, no solo decir lo que dice, sino vivir su experiencia de dolor como la vive, consistente y estable a pesar de todo.

En la vida, el hecho de no tener las respuestas no elimina la realidad que tenemos delante. No sabemos por qué sucede que el gozo desborde por cada uno de los cuatro capítulos de la carta de Pablo. Pero no deja de ser así porque no lo entendamos. De forma que, sin respuestas de momento, hasta que investiguemos un poco más, el fenómeno del gozo en medio de la dificultad es solo una realidad que no entendemos y que debemos examinar con más detenimiento. No la tires a la basura porque no la entiendas ahora. Solo guárdala en un cajón para volver sobre ella conforme tengas más datos.

ALGUNAS PREGUNTAS PARA REFLEXIONAR:

- *¿Qué sueles hacer cuando te encuentras frente a una realidad que no entiendes demasiado bien?*

- *¿Eres del tipo de persona que, si no entiendes algo, tiendes a negarlo?*

- *¿Puedes pensar en momentos en tu vida en los que, por no comprender algo en un momento dado, simplemente descartaste esa observación sin más?*

- *¿Encontraste, con el tiempo, alguna información más que le daba algo de sentido a la que ignoraste? (por ejemplo, al conocer una persona cuyo comportamiento o actitud no te encajara del todo).*

La primera cuestión que me llama la atención es que Pablo no habla de simple alegría. Pablo no está psicótico, ni desconectado de la realidad, ni evadiendo su situación. No vive en esa especie de "happismo" en el que nuestra sociedad actual ha pretendido instalarse, evitando como sea los momentos de malestar y necesitando que todo salga bien para mantenerse cuerda. Digo "pretendido", además, porque tenemos los niveles más altos de estrés, ansiedad, depresión y suicidios de la historia.

No somos cada vez más fuertes, a la luz de los números, ni tampoco cuando examinamos esto de manera cualitativa. Somos frágiles a niveles inimaginables si nos comparamos, por ejemplo, con dos o tres generaciones atrás. Cuanto más bienestar, más fragilidad. Nos falta grosor en la piel y la tolerancia necesaria ante la más mínima frustración.

Pablo está, sin embargo, en la realidad de su sufrimiento de forma palpable y lleva en su piel las marcas de lo que está viviendo. Describe su dolor y está conectado con él, pero no solo con él. Esa es la diferencia. Toma decisiones atípicas, sin duda, nada al uso, como cantar, o escribir a sus amigos y explicarles que les ama, o expresarles que se acuerda de ellos en todo tiempo al pedir a Dios, o que les añora y sufre por su bienestar. ¿Quién piensa normalmente en otros mientras sufre, poniéndoles en primer lugar en sus preocupaciones, más allá de los padres, quizá? Por una parte, alguien que ama mucho. Por otro lado, alguien que ha sido amado más de lo que podrá entender jamás. Y que al saberse víctima del amor de Otro, no puede por menos que irradiar hacia los demás ese mismo afecto.

Estas pocas muestras de Pablo —hay muchas más en la carta— son coherentes con las cosas que, al final de su escrito, menciona a sus amigos para que piensen en ellas (4:8-9): "En todo lo verdadero, todo lo honesto, todo lo justo, todo lo amable, todo lo puro o de buen nombre, cualquier virtud o cosa digna de alabanza, en esto pensad".

Llenar su mente de lo que construye, de lo bueno, es una decisión intencional y mucho más en medio del dolor. Pensar en el sufrimiento del Maestro por él y en el "Evento Resurrección" era algo que tenía siempre delante.

Para él, nada como aquellas dos cosas reunía todas esas características de verdad, honestidad, justicia, amabilidad, pureza o buen nombre. Su reacción tiene que ver con no mirar solo hacia dentro y a sí mismo o su situación, sino hacia fuera y los demás, construyendo para la situación de otros. También miraba hacia arriba, manteniendo la perspectiva hacia lo trascendente y lo importante. Porque, tras la resurrección, su Maestro había sido elevado hasta lo más alto y su promesa había sido que prepararía lugar para Pablo y el resto de personas que habían reconocido ese sacrificio de salvación por ellos.

Pablo sabía que muchos de los amigos a los que escribía sufrirían penalidades por creer en lo que creían. En aquellos momentos, solo Nerón podía ser considerado Señor y y Salvador (considerado, por cierto, uno de los grandes locos de la historia). Declarar lo que ellos declaraban, que era Jesús y no otro su Señor y Salvador, les costaba a muchos todo lo que tenían, incluida la vida, en ocasiones. Algunos se verían en situaciones muy parecidas a las de Pablo, quien sabía que, en ese momento, ejercía de modelo: "Sed imitadores de mí, así como yo de Cristo" (1 Corintios 11:1). Pablo mismo tenía el suyo: Jesús dándose por otros a precio de dolor y sangre.

ALGUNAS PREGUNTAS PARA REFLEXIONAR:

- *¿Qué diferencias intuyes tú entre palabras afines como felicidad, alegría o gozo?*
- *¿En qué cosas observas una obsesión en nuestra sociedad por alcanzar la felicidad? ¿En qué suele basarse esa felicidad para el hombre y la mujer de hoy?*
- *¿Ves en Pablo alguno de esos valores que definen esa felicidad según el ser humano moderno? ¿Cuáles son sus valores?*

Pablo muestra en sus palabras ser consciente de elementos que aún funcionan en su vida y de ciertas cosas positivas que se desprenden de su situación, por trágica que sea. Su circunstancia no está limitándolo todo, sino, incluso, más bien potenciando algunos aspectos interesantes.

Dicho de otra forma, hay cosas que están por encima de la circunstancia y que nos llevan hacia donde debemos estar, aunque no sea donde queremos encontrarnos. Consciente además del "fuego amigo" de quienes le criticaban aprovechando su situación, más bien sigue adelante sin que le cale demasiado. Es como si le resbalara, incluso. Su valor no depende de ello y lo sabe.

Su identidad está en el Señor que le rescató: sabe que es hijo del Rey y el resto de cosas más superficiales le importan bien poco. Vive su vida conforme a Quien le salvó y no para agradar o complacer a otros. ¡Eso sí que es una liberación añadida para vivir por encima de las circunstancias!

Pablo se recuerda a sí mismo y a sus amigos que su situación es, por otro lado, absolutamente temporal. Está de paso y así lo entiende y expresa, reafirmándose en ello una y otra vez (3:20-21). Es ciudadano de otro lugar que trasciende su circunstancia y eso le proyecta hacia delante.

En ese tránsito, mientras está aquí viviendo, formar parte de la manera en la que Dios interviene en el mundo es para él más que suficiente. Se conforma con estar en el "equipo de Dios". Ya no vive para él mismo en un sentido egoísta o limitado; vive para Otro y para los demás, dándoles lo mejor que tiene, el evangelio que ha recibido, y sus intereses ya no son los propios, sino los del Dios al que sirve, por vida o por muerte.

Pablo sabe que las únicas posibilidades de seguir adelante con gozo en medio de esto no pueden depender de sus fuerzas, porque no las tiene. Y por eso decide depender de Jesús, que encarna, de manera perfecta, no un Dios distante como el que Pablo o los fariseos habían siempre pensado que servían, sino a uno que había estado dispuesto a vivir entre nosotros, pasar hambre y sed, tener frío, sufrir penalidades, ser tentado en todo, vivir desprecio, y ser asesinado, incluso, aunque no tenía por qué.

Jesús podría haberse salvado a sí mismo en cualquier momento. No lo hizo, sin embargo, porque eso hubiera cambiado el curso de tus posibilidades y las mías frente a la eternidad. Se mantuvo firme en cada una de sus palabras, consciente de lo que iba a enfrentar. Se hizo pecado por nosotros en la cruz, cargando la injusticia que era nuestra y que veníamos acumulando tras siglos de rebelión frente a un Dios que siempre se mostró amante, aunque justo. Sufrió la muerte y el distanciamiento que se producen de Dios cuando el mal está de por medio. Dios no puede hermanarse con el pecado, ni siquiera cuando es Jesús mismo, Hijo de Dios, quien lo carga.

De ahí el abandono de Jesús en la cruz: para no abandonarnos a nosotros definitivamente. Murió por amor a ti y a mí, por amor a Pablo, y no por masoquismo o locura.

Aceptarlo o no, es cosa nuestra. Es una cuestión de simple agradecimiento y lo que se deriva de ello es una extensión del amor recibido. Su parte quedó hecha. Un sacrificio perfecto, el justo por los injustos. ¿Dios enfadado con nosotros? ¡No! Dios amando profundamente, pero de una manera justa, sin negar su esencia cuando nosotros cambiamos las reglas. Que no lo entendamos ahora, por cierto, a la luz de lo que la Biblia nos cuenta de Dios, no cambia nada al respecto.

ALGUNAS PREGUNTAS PARA REFLEXIONAR:

- *¿Qué cosas han seguido funcionando en tu vida en medio de esta crisis, incluso en los peores momentos? ¿Cuáles han sido tus "rayos de luz" en medio de la oscuridad de la situación?*
- *Cuando piensas en la imagen que te has ido creando de Dios a lo largo del tiempo, si has considerado que lo hay, ¿es la imagen de un Dios que se moja con sus criaturas o, más bien, la de un Dios distante que no se implica en nuestras vidas?*
- *La idea de que, si Jesús era verdaderamente Dios, podría haberse librado de la muerte y el dolor en cualquier momento pero no lo hizo, es muy difícil de entender para cada uno de nosotros. ¿Qué reacción genera en ti considerar esa realidad?*
- *Pablo tenía su referente de conducta, también en el dolor. ¿Cuál es el tuyo? (o cuáles, si tienes varios).*

¿Sigue rondando en tu mente la pregunta de si lo que tiene Pablo es simple masoquismo? Desde la lógica humana sin duda puede parecer, como poco, obsesión o fanatismo. Pero cuando conocemos un poco más de cerca la historia de este hombre, descubrimos muchas cosas, y ninguna tiene que ver con locura precisamente:

- Pablo se goza en la cárcel porque su necesidad de honrar a Jesús con esa actitud es superior al dolor que padece. El apóstol trasciende su incertidumbre y su situación porque no lo considera lo más importante.

- Su seguridad por la resurrección supera toda duda respecto al cuerpo. Le preocupa el alma, el espíritu, lo que no se ve y, en medio de todo ello, especialmente dar honra al que le rescató. Lo demás, es lo de menos para él. El instinto de autopreservación queda en otro plano mucho más secundario.

- Pablo sigue adelante sufriendo escarnio y dificultades por amor a su Maestro. Porque Otro antes las sufrió por él y para él, y no puede olvidarlo o pasarlo por alto. Encerrado, ahora responde desde el afecto a Quien sabe que le ha salvado la Vida (aunque le cueste su vida, con minúsculas).

- Sabe que ese rescate es inmerecido y por eso se acuerda, en medio de esto, de la palabra "gracia". Se la recuerda a sus amigos los filipenses desde sus primeras líneas (1:7) para que no desmayen, y se despide también de ellos trayendo esa gracia a su memoria (4:23).

- Pablo no es alguien que disfrute perdiendo. Siempre había sido un ganador. Pero su recorrido le había hecho aprender a perder y ganar, y en medio de todo eso estaba contento (4:11-12). Lo que antes le hacía ganador no valía gran cosa delante de Dios. Lo que había recibido por haberle alcanzado Jesús era, sin embargo, la joya de mayor precio. "Solo" sabe que lo que ha perdido puede considerarlo incluso basura, porque no vale nada en comparación con lo que ha recibido (3:7-8).

- Pablo tiene una esperanza que le impulsa hacia delante. No ha llegado a la meta y por eso prosigue al blanco, imitando al Maestro, amando hasta el final. Olvidando ciertamente lo que queda atrás, se extiende a lo que está por delante (3:12-13).

Podríamos seguir indefinidamente, porque esta carta de Pablo es una invitación permanente a hacerse preguntas e intentar resolver lo que parecen locuras una detrás de otra. Todo lo que dice Pablo, desde la lógica humana meramente, en un sentido es puro misterio. Cada palabra escrita envuelve un tesoro escondido que a nuestra mente humana le cuesta asimilar, pero que no es menos real por ello. Por eso es una paradoja y no una contradicción, aunque pueda parecer lo segundo a primera vista.

ALGUNAS PREGUNTAS PARA REFLEXIONAR:

- *Leyendo el texto de esta carta, ¿puedes encontrar más ejemplos como estos de cómo funciona la "nueva lógica" de Pablo, tan diferente a la nuestra en medio de la adversidad?*
- *¿Qué diferencia ves entre una paradoja y una contradicción?*
- *¿Piensas que lo que vemos en la vivencia de Pablo corresponde más bien a lo primero o a lo segundo?*

"Regocijaos en el Señor siempre" (4:4). No contento con ser tan claro, repite la misma idea para enfatizarla: "Otra vez digo, ¡regocijaos!".

Tres ideas en una sentencia: qué, cómo y cuándo. Esta es una de las frases más fulminantes de Pablo para nuestra mente moderna en búsqueda permanente de la felicidad, que no llega porque necesita demasiadas coincidencias para ejecutarse.

Al ser humano le hace falta que todas las circunstancias se alineen a su favor para poder ser feliz y, además, no requerir de nadie más que de sí mismo para alcanzarlo. Pero no es así en la lógica que muestra Pablo, quien habla de un estado que es mucho más que felicidad, que suena a puro desbordamiento, sin la necesidad de que los planetas se alineen. Ese gozo es el "qué" en el que se mueve el escritor de esta carta.

Tal y como él lo expresa y lo vive, en segundo lugar, si no es "en el Señor" no tiene sentido. El Señor permanece siempre. La circunstancia favorable no. Ahí tenemos el "cómo".

Siempre habrá situaciones a nuestro alrededor que no solo no ayuden al gozo, sino que lo ahoguen y lo aniquilen. Pero Dios es el mismo siempre y no desaparece en medio del dolor, aunque nos lo parezca en ocasiones. La vivencia del gozo del que habla Pablo no se tiene por las fuerzas de uno. No funciona así, es sobrenatural. Por eso, al sacar de la escena ese "pequeño-gran detalle" de que esto solo se puede vivir EN otro, esta frase puede resultar incluso ofensiva para quien la escucha. Invita casi a decir "¿Me estás tomando el pelo o te has vuelto verdaderamente loco?". El resumen es claro: Pablo nos dice "o te agarras a Cristo, o te hundes cuando la circunstancia adversa llegue".

El enfoque es provocador, sin duda, tanto como el siguiente concepto a continuación: SIEMPRE. Ahí tenemos el "cuándo".

Podemos aceptar con relativa facilidad alegrarnos o estar felices cuando las cosas vienen a nuestro favor y todo parece funcionar, pero ¿a qué tipo de "chalado" puede ocurrírsele que estemos gozosos en cualquier circunstancia? Pareciera que, si Pablo no está poniendo en evidencia su falta de inteligencia, más bien estuviera atentando con la nuestra. Por eso, un mandato como este resulta prácticamente ofensivo e imposible de admitir desde nuestros propios ojos como humanos. Pero es que Pablo tenía otros. La pregunta es con cuáles miramos nosotros la situación que tenemos delante y si podemos adquirir la visión, mente y vivencia que él tiene ante el dolor y la incertidumbre que vivía. ¿Podemos, como él, vivir por encima de las circunstancias?

¿Podemos, en medio de este caos por la crisis del COVID-19, o en cualquier otra situación crítica de nuestra vida, vivir de una forma distinta, más parecida a la que vemos en Pablo? Si tenemos en cuenta los ingredientes con los que Pablo ha "cocinado" su plato, creo que es posible, pero solo porque es algo que Dios mismo hace en las personas. Es algo que podemos pedirle, además. Sucede cuando traemos nuestras peticiones con súplica y ruego, como Pablo hacía por él mismo y sus hermanos. Y también y especialmente cuando venimos con agradecimiento en medio del dolor a Quien puede respondernos y tiene poder sobre las circunstancias (4:6-7).

Dios no nos dice "ya has pedido tu provisión para hoy". Podemos acogernos a su arsenal tantas veces como necesitemos, porque Él es amplio y generoso en esa gracia inmerecida de la que Pablo era tan consciente.

Sin embargo, para poder alcanzar gracia y comprender algo de ella hay que tener en cuenta varios asuntos:

- El primero, creer que existe ese Alguien a quien uno se acerca para obtener recursos. Negar la existencia de Dios o su interés en proveernos no nos ayudará en esto.

- El segundo, aceptar que, si existe, probablemente la provisión de recursos no se hará a nuestra manera, sino a la suya, porque no somos iguales que Él y nuestros pensamientos no son los suyos.

- El hecho de creer en un Dios que existe no tiene por qué implicar aceptar que es un Dios que ama, de manera que si le veo como un tirano, me acercaré desde el miedo o, lo que es peor, desde la agresividad y la soberbia del hombre contemporáneo. Dios acepta y abraza a quien se acerca humildemente, pero rechaza duramente cualquier acercamiento soberbio.

- Tener a Dios en cuenta colocará nuestra visión acerca de nuestras posibilidades en un plano muy alejado de donde, quizá, había estado hasta aquí. Meter al Dios de amor en la ecuación lo cambia todo.

- Por último, de tomarle en serio en nuestra vida, su presencia nos comprometerá a un cambio de rumbo, que es lo que más miedo nos da, porque anhelamos seguir siendo autosuficientes y hacer las cosas a nuestra manera. No lo hará desde la imposición, porque seguimos teniendo intacta nuestra capacidad de decisión. Pero si su amor por ti te ha cautivado, eso no dejará tu vida ni tus actos donde estaban antes.

Sin contar con ayuda de lo alto, me resulta inimaginable llegar a pensar como lo hace Pablo. La razón es que, aunque algunas personas parecen tener esa capacidad natural de poder ver posibilidades en el dolor, agarrándose contra todo pronóstico a esperanzas y motivaciones que den cierto grado de propósito a cada momento, no cuentan con los recursos inagotables de esa presencia sobrenatural de Dios de la que hablamos aquí. Es la diferencia entre disponer de una cierta porción de un recurso o de contar con ese recurso de manera absolutamente ilimitada.

Esa capacidad que nosotros llamamos "natural", es un regalo también de la misma fuente de bien de la que procede ese gozo que buscamos y del que Pablo habla: Dios mismo. Nada de lo bueno que tenemos proviene de otro sitio. Ni siquiera de nosotros mismos. Lo que conseguimos, lo hacemos a través de los recursos, las habilidades y las posibilidades que el mismo Dios nos otorga como regalo inmerecido. Lo cual nos lleva, lo miremos por donde lo miremos, hacia arriba y no hacia dentro, como nos gusta pensar.

Cuando vivimos solo el aquí y el ahora, en nuestras fuerzas, solo sobrevivimos. Lo que Pablo describe, desde el acceso ilimitado a las fuerzas y el poder de Otro, es otra liga distinta y se llama VIDA ABUNDANTE.

ALGUNAS PREGUNTAS PARA REFLEXIONAR:

- *¿Has tenido alguna vez la convicción de estar viviendo algo, no solo en tus propias fuerzas, sino en fuerzas que no eran las tuyas?*
- *¿Cuál fue la fuente para ti en ese momento de la fortaleza que tuviste?*
- *¿Identificaste a Dios, entonces, como el origen de cualquiera de las cosas positivas que estabas pudiendo acometer? (Habilidades, capacidades, fuerzas, circunstancias favorables... o incluso la capacidad de respirar).*
- *¿Piensas que resulta sencillo para el ser humano de hoy aceptar o asimilar que necesite de alguien más que de sí mismo en los tiempos de dificultad y dolor?*
- *¿Qué es lo que más te choca de la frase de Pablo "Regocijaos en el Señor siempre"?*

7
PROPÓSITO

En el siglo XXI, aquello que no traiga un beneficio
para nosotros directamente es considerado
por mucha gente, sin más, como falto de propósito.
Dicho de otra forma, mucho más
políticamente incorrecta,
"Si no me sirve a mí, no vale para nada".

La perspectiva general de mucha gente es que el dolor es inútil o, al menos, cierto tipo de dolor. En pequeñas cantidades y en momentos específicos, podemos aceptar que tenga ciertas utilidades: si nos duele un dedo porque nos lo estamos pillando con algo, haremos lo posible por retirarlo. Ese dolor nos sirve porque, de no dolernos, se producirá la misma o peor lesión, solo que sin darnos cuenta, y las consecuencias pueden ser irreversibles. Igual sería si uno se acerca a una plancha caliente de ropa y, sin querer, toca con su piel la superficie metálica.

El dolor en estos casos, aunque molesto, es un gran aliado y estamos dispuestos a aceptar que es incluso bueno que exista. Pero hasta en poca cantidad, el dolor nos resulta algo tan inquietante y terrible, lo vivimos como algo tan dañino, que su utilidad a menudo se difumina hasta casi desaparecer. Solo queremos que pase y movilizamos lo que sea por evitarlo.

Si seguimos en esta dirección, veremos que hay dolores para bien y otros que son para mal. El sufrimiento, evidentemente, nunca nos alegra, pero sí puede traernos cierto gozo o satisfacción ver qué tiene un propósito detrás.

Una incisión por arma blanca no es lo mismo que el corte que un cirujano hace en una operación quirúrgica. Tampoco consideramos igual el dolor de un ataque de apendicitis que el que produce un parto. Cuando el propósito es más o menos obvio, podemos convivir mejor con el dolor, por mucho que nos rompa. No lo disfrutamos, no lo deseamos, pero sabemos que apunta en una dirección beneficiosa, sea para nosotros o para otros.

Ahora bien, justamente aquí empieza parte del problema de esta forma de vivir que hemos adquirido y desarrollado como "primer mundo" en el siglo XXI: aquello que no traiga un beneficio para nosotros directamente es considerado por mucha gente, sin más, como falto de propósito. Dicho de otra forma, mucho más políticamente incorrecta, "Si no me sirve a mí, no vale para nada".

Asumo que mucha gente no lo expresaría así con palabras, claro, porque queda mal y se vería retratado frente al resto que, evidentemente, poco le importa, pero ante el que tiene que aparentar.

Sin embargo, los hechos que nos acompañan dicen alto y claro esta misma frase muchas veces al día y sin reparo ninguno.

Ante la duda entre lo que decimos y lo que hacemos, sin pensarlo dos veces, quedémonos con lo que digan nuestros actos, porque las palabras son muy fáciles de falsear y hasta a nosotros mismos nos engañamos cuando no somos capaces de identificar lo que gritamos con nuestras acciones.

ALGUNAS PREGUNTAS PARA REFLEXIONAR:

- *¿Cuál es el dolor más grande que has sufrido en tu vida?*
- *¿Dirías que tuvo propósito, sirvió para algo o para alguien?*
- *¿De qué maneras cambiaste y cambió tu vida a partir de esa vivencia?*
- *¿Dirías que creciste en medio de ello?*
- *¿Crees que, como seres humanos, somos conscientes de hasta qué punto solo buscamos nuestro propio beneficio o quizá tendemos a engañarnos?*

Teniendo lo anterior en cuenta, si superamos este primer escollo de nuestro propio egoísmo y reconocemos que hemos de ir más allá de nosotros mismos para aceptar como propósito también el que ayuda a otros, entonces empezaremos a valorar el sufrimiento de otra manera.

Este era justo el caso de Pablo y, porque era consciente de todo ello, lo recoge en las líneas que escribe a los filipenses. Aquí te muestro solo algunos ejemplos:

- Su situación generaba comentarios en la ciudad, la gente hablaba y, al hablar de él, hablaban a la vez de su mensaje, de forma que, por buenas o malas razones, seguía siendo predicado. Pablo no era el principal beneficiado, obviamente, pero, aquellos que recibían el mensaje de las buenas noticias de Jesús, sí, y eso para el apóstol era suficiente. Sabía, además, que con todo esto su Maestro era honrado y eso era su mayor ganancia (1:12-13 y 15-18).
- Su ejemplo, además, impactaba en muchos que cobraban fuerza a través de su situación y se sentían animados a seguir adelante y a compartir aún más de las buenas noticias de Jesús.

El "efecto contagio" de Pablo impactaba también animando a otros a hacer igual, negándose a reducir el propósito solo a uno mismo y trayendo la revolución del amor al mundo en el que vivían (1:14).

- Pablo estaba dispuesto a ser sacrificado por todo aquello, porque apuntaba a un objetivo que le excedía a él mismo, e incluso a ellos, como amigos y hermanos (2:17). El apóstol se dirigía hacia Cristo mismo, hacia su llamamiento, hacia el cumplimiento de la misión por la que había sido reclutado.

- Pablo siempre apuntaba hacia el mundo, hacia el resto, hacia los que aún no habían sido alcanzados por ese mensaje en su entorno directo. Quería que el mensaje que le había rescatado, rescatara a otros. Y su sufrimiento, vivido como lo vivió y quedando registrado de esta forma en esta carta increíble a sus amigos, nos impacta a nosotros mismos a día de hoy, llevándonos ante la realidad de que se puede ver de otra forma, para pensar y vivir también de manera diferente. No lo hace con una felicidad superficial basada en las circunstancias, sino con un gozo profundo basado en el cimiento correcto. Resplandecer como una luz en el mundo estaba en la visión de Pablo para sí mismo, para sus hermanos, y para nosotros también en este siglo nuestro (2:15).

ALGUNAS PREGUNTAS PARA REFLEXIONAR:

- *¿En qué sentidos piensas que el dolor de una persona puede ayudar a otros?*
- *¿Tienes modelos de referencia en el dolor, personas a las que admiras por la forma en la que se enfrentan a su propio sufrimiento?*
- *¿Dirías que su sufrimiento no tiene propósito alguno?*
- *¿Has podido ser de referencia a alguien en medio de alguna situación difícil?*

¿Podemos dudar del propósito del sufrimiento de Pablo para otros, para el mundo en el que vivía y para el Reino que predicaba, a la luz de lo que acabamos de leer? ¿Puedes imaginar a cuántas personas a lo largo de generaciones y generaciones ha inspirado este texto de la carta a los Filipenses?

Pablo había dejado de vivir para sí mismo y ahora lo hacía para Otro, el que había muerto por él y le había amado primero. Pero además redireccionaba su hallazgo hacia los demás basándose en ese mismo amor.

Su fantástico currículum previo (porque era el mejor entre los mejores de su tiempo), que incluía la dudosa faceta de perseguidor de la iglesia y homicida por la que había sido lo más en su entorno judío ortodoxo, ya no le valía para nada. Se había equivocado de pleno en el pasado.

El propósito que pensaba que perseguía en la vida estaba del todo errado como le mostró su encuentro directo con Jesús. Invirtió años de su vida en empaparse de esa nueva forma de ver la vida antes de poder inspirar y animar a otros como lo hace en esas líneas de su carta, pero sin duda que halló vida y propósito en las situaciones que viviría a continuación y hasta el final de su vida. Donde pensaba que había habido valor en su existencia hasta entonces, simplemente lo que él contempla ya de aquello, lo valora como pura basura (3:8).

Así que aquí se nos presenta una nueva paradoja respecto al dolor:
- podemos creer que hay propósito en algo y que verdaderamente no lo haya
- y a la vez es posible que no estemos viendo el propósito de algo en concreto y que lo que se esconda entre bambalinas sea de una provisión y oportunidades increíbles para nosotros y otros.

Ahora bien, quizá, además de esta cuestión de que el verdadero propósito no tiene que ver solo con creer o no que lo haya, hemos de abordar otra más en la que las personas solemos atascarnos: ¿Qué ocurre cuando no entendemos por qué sucede alguna cosa? ¿Es condición imprescindible para decir que algo tiene propósito entender para qué es útil?

Eso explicaría por qué, para mucha gente, la asociación entre la idea del dolor y de su inutilidad van juntas como un tándem inseparable. Ese pensamiento se expresaría en una frase tal que "Como no lo entiendo, no vale para nada". Pero, ¿es esto justo? Y sobre todo, ¿es realista verdaderamente, o limita la cuestión del propósito simplemente a lo que nuestra mente nos permite abarcar?

¿Dónde queda, por ejemplo, la perspectiva del tiempo, que tantas cosas nos aclara y que nos muestra después lo que no podíamos ver al principio en medio del huracán? ¿O qué sucede con la utilidad que otros alrededor nuestro pueden ver en nuestra situación, aunque nosotros mismos, cegados por nuestro dolor, no podamos verla?

Nuestra pregunta favorita ante lo que nos pasa suele ser "¿Por qué?", pero también es la que más nos frustra, porque no solemos llegar a una respuesta satisfactoria.

En mi contexto cristiano, por otro lado, para entender lo que implican he escuchado muchas veces frases cargadas de clichés pero no siempre profundizadas. Así, se suele decir a menudo que lo importante no es el porqué, sino el para qué. Y ya está. Asunto resuelto. No se dice mucho más. Una de tantas frases que deja a la persona igual que estaba.

De esta forma, sin más explicación ni desarrollo de por medio, en el mejor de los casos se me hace una fantástica respuesta para una pregunta de trivial cristiano: "¿Qué pregunta debe hacerse un cristiano ante el dolor? Respuesta: para qué y no por qué".

Sin embargo, las circunstancias se encargan en muchas ocasiones de ponernos en esas situaciones en las que tendremos que poner en práctica nuestras "frases lapidarias". Y es ahí donde nos llevamos a menudo la sorpresa de que la mucha sabiduría aparente estaba muy vacía de contenido práctico. Decimos grandes frases con las que luego no sabemos muy bien qué hacer, porque decir es una cosa y vivirlo es otra.

Cuando no ha habido un cambio radical en nosotros, algo que nos haya llevado a ver algo distinto para pensar y vivir diferente, en el momento en que se presenten días complicados como estos que vivimos, volveremos a preguntarnos, sin darnos cuenta, el porqué y no el para qué.

¿Te has preguntado alguna vez la razón de que las personas nos preguntemos por qué? No pretendo rizar el rizo, pero sí llevarnos hacia una reflexión que creo importante. A menudo, esta es una buena pregunta si solo estamos buscando la asociación entre causa y efecto, es decir, "¿Qué he hecho mal que me ha llevado a esta situación?" o "¿Qué razones tiene Dios para permitir todo esto?", por poner solo un par de ejemplos de cómo podría concretarse esa pregunta.

Buscamos explicaciones, sí, y si todo va bien, nos incluimos de forma autocrítica a nosotros mismos como posible razón de lo que sucede, aunque eso no es tan frecuente como debería, porque nos victimizamos para eludir responsabilidades. Dicho de otra forma, ¿qué pasará cuando sepamos la razón de algo? ¿Hasta qué punto eso verdaderamente desatasca la situación? ¿Estamos queriendo usar esa pregunta y su respuesta como algo verdaderamente preventivo o solo estamos buscando algo o alguien a quien responsabilizar?

Si somos honestos, muchas veces saber la razón detrás de algo no arregla gran cosa, a no ser que nos lleve más allá. De hecho, incluso cuando tenemos clara una posible razón seguimos sin tener necesariamente propósito y destino con lo que está pasando, porque la idea de "propósito" es mucho más amplia que la de "explicación".

Los porqués demasiadas veces tienen más que ver con lo que consideramos nuestro propio derecho al pataleo, con lanzar un grito exigiendo explicaciones, con calmar nuestra curiosidad por entender algo de lo que pasa, pero ¿hacia dónde vamos después? ¿Realmente nos hemos hecho esa pregunta estando dispuestos a que nos lleve a alguna parte de manera práctica? ¿Haríamos algo al respecto, incluso sabiendo las razones reales que hay detrás de lo que nos sucede?

Como ya adelantábamos, detrás de esta pregunta tan natural como el cuestionarse por qué, además de razones, buscamos también responsables. Si me considero víctima, automáticamente el responsable ha de ser otro, de forma que es a ese otro al que busco y que será, para mí, verdugo, aunque no lo exprese en esos términos. En ese proceso procuramos autoeximirnos en lo posible y cargar las tintas sobre otro. Dios es, en buena parte de las ocasiones, ese otro al que declaramos culpable, ya sea por acción o por omisión, por activa o por pasiva, porque no entendemos nada. Y, cuanto más nos duele algo, menos comprendemos. Sin embargo creo que, en el fondo, demasiadas veces sabemos, aunque no reconocemos, que tenemos mucho más que ver en nuestra propia miseria y dolor que ese Dios al que culpamos.

ALGUNAS PREGUNTAS PARA REFLEXIONAR:

- *Piensa en esta situación por COVID-19 que estamos viviendo. ¿Crees que las personas nos estamos preguntando por qué está sucediendo esto?*
- *¿Consideras que, en medio de esas preguntas, estamos siendo suficientemente autocríticos respecto a cómo vivíamos antes de esta crisis y en medio de ella?*
- *Ante esta situación que vivimos, ¿crees que estamos considerándonos víctimas o verdugos a nosotros mismos?*
- *¿Crees que es fácil que muchos estén culpando a Dios en medio de todo esto?*
- *¿Por qué aparece ahora Dios en nuestra mente, si normalmente no se le tiene en cuenta en otros momentos de la existencia?*

Tanto si eres cristiano como si no, seguramente has tenido la experiencia de andar en círculos buscando una respuesta lógica a algo que, sin embargo, no entiendes, ni entenderás jamás. Moriremos con muchas incógnitas sobre muchos asuntos y podemos seguir dando vueltas toda la vida sin encontrar la respuesta satisfactoria que buscamos. Escribía estas líneas pocos minutos después de haber tenido un tiempo de oración muy intensa a favor de un amigo que llevaba ya muchas semanas en la unidad de cuidados intensivos. Su estado ha estado empeorando por momentos y, añadido a ese dolor, por supuesto, se suma el de no entender nada. Me esfuerzo en preguntarme "para qué" y me sale frecuentemente un "por qué". Porque es seguramente la experiencia más humana que podemos tener. ¿Por qué él y no otros, por ejemplo? Y ni una ni otra pregunta tienen ahora mismo respuesta. La cuestión es si necesito esa respuesta o, en realidad, estoy posponiendo el verdadero asunto que hay detrás de todo esto.

El propósito de algo se empieza a vislumbrar cuando, asumiendo que buscar solo razones no me va a llevar de momento más que a frustración o a puras hipótesis, puedo dar un paso práctico más. Para eso, quiero y debo preguntarme, sin evasivas:

- ¿Qué voy a hacer con esta situación?
- ¿Qué beneficio puede y debe traer esto a mi vida y a la de los que me rodean?
- ¿Cómo puedo aprovechar este momento para crecer y ayudar a crecer a otros?

Siendo cristiana, además, me preguntaré principalmente: "¿Qué quiere Dios enseñarme en medio de todo esto para que me parezca más a Cristo, para servir mejor a la causa por la que Él vino a morir, que era en todo caso rescatar personas?

La pregunta entonces, como ves, no es una de tipo pasivo, a la espera de respuesta por el simple gusto de tenerla. Esto no es un simple ejercicio filosófico o intelectual. Ha de ser más bien un cuestionamiento que esté dispuesto a responderse con todo lo que eso conlleve, porque demasiadas veces sabemos ya cuál es la contestación a lo que nos preguntamos y nos da miedo lanzar directamente por el compromiso que trae consigo.

Esa obligación moral de ir más allá se concreta en más preguntas como estas:

- ¿Para qué puedo hacer que esto sirva desde ya y qué voy a poner en marcha para que así sea?
- ¿Puede ser que enfrentar esta circunstancia requiera de mí cambios importantes?
- ¿Es esta una situación para aumentar mi sensibilidad hacia el dolor de otros? ¿Cómo voy a usarlo para ese propósito?
- ¿Es esta una situación para apoyarnos unos a otros como comunidad? ¿Con qué mecanismos concretos voy a desarrollar esa ayuda?
- ¿Es esta una situación para empezar a considerar a Dios, si no lo he hecho antes?
- ¿Pudiera ser que esta circunstancia de dolor tenga el propósito último de acercarme más a Él? ¿Cómo voy a procurar ese acercamiento? O, más aún, ¿estoy dispuesto a que lo haya?
- Si ya tengo a Dios como parte relevante y central de mi vida,

¿cómo puedo hacer para que esto que me sucede contribuya a glorificar a ese Dios en medio de ello?

ALGUNAS PREGUNTAS PARA REFLEXIONAR:

- *Piensa en cómo estás viviendo tú esta crisis por COVID-19 e intenta responderte a cada una de las preguntas que acabamos de plantear.*
- *¿Puedes pensar en propósitos para ti mismo, para los más cercanos a ti y también para la comunidad más amplia a la que perteneces?*
- *¿Alguna de las cosas que estás viviendo te está llevando a cambios concretos como consecuencia de esas reflexiones en forma de pregunta?*
- *¿Huyes alguna vez de hacerte preguntas porque sabes que, en el fondo, responderlas te va a forzar moralmente a cambios incómodos o que quisieras posponer?*

Pablo, desde sus primeras líneas en su carta a los Filipenses (1:6), recuerda a sus hermanos que Dios comenzó una gran obra en ellos y les recuerda que no la va a dejar inacabada, sino que la va a perfeccionar hasta el final.

Nada diferente de lo que sucederá con nosotros si le dejamos, porque Dios no fuerza nuestra voluntad, sino que la respeta. No hacerlo sería negarse a sí mismo y a la capacidad de libre decisión con la que nos ha creado.

Por otro lado, no se consigue perfeccionar algo sin someterlo a prueba, sin limar sus asperezas, sin probar su eficacia, su dureza o su utilidad. Y Pablo es bien consciente de ello. Identifica perfectamente el proceso en el que se encuentra. El alfarero perfecciona su pieza a base de tratar con ella y en verdad la deformación es un proceso doloroso, pero siempre tiene el propósito del que es Creador y no destructor. Dios no es un taxidermista, como decía C. S. Lewis, sino un cirujano que quiere nuestro bien, aunque nos duela todo en el proceso.

Cuando nos centramos demasiado en la pregunta incorrecta, entonces, al no encontrar esa asociación unívoca de causa y efecto, entendemos el sufrimiento como injusto y nos rebelamos contra todo (y contra Dios, especialmente), añadiendo dolor al dolor. Y es que, claro, en un sentido superficial, el dolor tiene poco que ver con el asunto de la justicia. Al menos cuando miramos alrededor, en el aquí y ahora, no sufren más los que más se lo merecen, pero tampoco nosotros tenemos siempre lo que nos merecemos. Mirar hacia Jesús ayuda mucho a entenderlo: el justo muriendo por los injustos y masacrado por ellos después de una vida absolutamente sin mancha.

Sin embargo, cuando abrimos la perspectiva espacio temporal y consideramos nuestra responsabilidad como raza según el relato bíblico, en el momento en que decidimos desmarcarnos de Dios y de su propósito para nosotros —y eso nos lleva directos al Edén, en que lo que se jugó fue mucho más que un "bocado a la manzana", como nos gusta conceptualizarlo—, nos metimos en un callejón sin salida que solo nos ha traído dolor y sufrimiento, aunque sigamos sin reconocerlo.

El problema no es que Dios haya permitido que sigamos por nuestro camino, el que escogimos entonces y en el que nos perpetuamos ahora. Más bien el asunto está en que somos demasiado orgullosos para desandar el sendero caminado y preferimos culparle a Él de todo lo que nos pase.

"No queremos a un Dios enfadado o tirano" -nos decimos. Sin embargo me pregunto: "¿No parece más bien que somos nosotros los que nos hemos enfadado con Él en vez de reconocer que nos hemos equivocado en nuestra estrategia de vida y que actuamos como niños caprichosos que dicen "Mamá mala" cuando algo no sale como quieren? Al fin y al cabo, "¿qué tengo que ver yo con mis antepasados y con la forma en la que se relacionaron con Dios?", podemos decirnos.

El objetivo entonces, creo, no parece tanto conocer las causas del dolor concreto de este momento y lugar (aunque a veces nos encantaría saberlas y se puede dar que las conozcamos), como más bien procurar dar propósito de vida a cualquiera de las cosas que nos pueda estar tocando vivir, nos gusten o no. ¿Qué pasaría si no hubiera causa lógica aparente detrás? ¿Lo has pensado? ¿Quedaría ese sufrimiento por esa razón y automáticamente sin propósito?

Uno de los grandes tesoros que encuentro en la Biblia es el libro de Job. Es una joya, entre otras cosas, porque nos permite saber qué estaba sucediendo por detrás de la escena que vemos a simple vista.

Allí puedes ver, entre bambalinas, a Dios conversando con Satanás y viceversa por el tipo de hombre que era Job. La tesis de Satanás era clara hacia Dios: "Te ama porque se lo has dado todo, pero eso no es amor, sino conveniencia".

Realmente, cuando leemos este relato con detenimiento, nos damos cuenta de que no había ninguna causa lógica visible que hubiera traído a Job todo el mal que sufrió (aunque sus amigos no hacían más que buscarla en los sitios incorrectos).

Job era una persona recta, justa, temerosa de Dios. Lo que hacía, lo hacía bien y Dios no tenía nada en contra de él. No había hecho nada para atraer la desgracia sobre sí. Bueno... algo sí, cuando miramos a esa conversación "entre pasillos". El mal había puesto sus ojos en él para poner a prueba qué tanto de ese "amor a Dios" tenía que ver con su bienestar solamente o, por el contrario, con un afecto real y sincero del corazón.

Lo que vemos detrás de su sufrimiento es al mal empeñado en demostrar que Job no podría dar gloria a Dios si las cosas iban mal. Y, sin embargo, ¡cuánto bien y propósito tuvo para nosotros aun hoy que Job respondiera como lo hizo! Dedicó largo tiempo a lanzarle a Dios mil y una preguntas buscando respuestas. Finalmente, la voz de Dios trajo algunas de ellas, incluidas algunas que él no esperaba. Eso sí, no hay duda de que su sufrimiento trajo propósito a su vida, a la de sus amigos, por supuesto, y a la nuestra hoy miles de años después.

ALGUNAS PREGUNTAS PARA REFLEXIONAR:

- *¿Consideras que los momentos de dificultad nos enseñan algo, aunque sea solo a medio y largo plazo?*
- *¿Cuáles han sido, para ti, las grandes lecciones que has podido aprender en medio de tus tiempos de dolor?*
- *De lo poco o mucho que conoces de la historia de Job y que hemos comentado,*

¿qué te llama la atención sobre los porqués y los propósitos de su situación?

Muchas veces en la vida, entonces, no sabremos las razones tras lo que sucede y tendremos que convivir con ello. No conoceremos lo grande y tampoco por qué medimos exactamente lo que medimos, en vez de tres centímetros más o menos.

El mundo y lo que nos sucede es un misterio en sí mismo, da igual a dónde mires. Incluso estoy convencida de que a largo plazo no conoceremos siquiera todos los propósitos para nuestra situación, aunque quizá podamos intuir algunos de ellos. Buscar y encontrar propósito es tarea para una vida entera, o para varias, quizá.

Pablo mismo, en el momento en que dictaba su carta, no tenía ni siquiera noción del efecto que sus palabras tendrían llegando hasta nosotros hoy, o impactando en la vida de los Filipenses entonces. Pero podía, como nosotros, decidir en todo caso para qué iba a usar la situación horrible que tenía delante.

Podía construir con un propósito a la par que intentaba alinearse con el Propósito en mayúsculas que el Maestro tuviera para él, aunque no lo conociera al cien por cien ni hubiera visto un letrero luminoso en el cielo al respecto. Porque el problema viene cuando nosotros queremos usar nuestras situaciones para cosas distintas que las que Él quiere. De ahí que no tenga mucho sentido como cristianos, si lo somos, vivir nuestras luchas al margen de lo que Él quiera hacer con nosotros en medio de ellas.

Sin embargo, esto tampoco te deja al margen si no eres seguidor de Jesús. De hecho, el propósito de Dios, en un sentido, está tan por encima de nosotros que no es ni mínimamente inmutado por el hecho de que nosotros le sigamos o no. Él tiene un propósito para cada una de sus criaturas, sean estas díscolas o no. Él no nos necesita. Nos invita a relacionarnos adecuadamente con Él porque nos ama.

Nosotros le necesitamos a Él para ser todo lo que siempre debimos ser. Desde el origen, en la mente creadora de Dios estuvo el máximo desarrollo y potencial para nosotros. Desde nuestra autosuficiencia y libertad para desmarcarnos, sin embargo, nos hemos conformado con la peor versión de nosotros mismos, simplemente porque es una versión independiente que deja a Dios fuera de la ecuación y nos da cierta sensación de control y libertad que no cambian nada porque son solo eso: una sensación.

¿Nos hemos preguntado para qué sirvió el sufrimiento de Jesús, o de sus seguidores? ¿Has pensado para qué sirvió el de Pablo, por ejemplo? ¿Hemos valorado cómo impacta ese sufrimiento en nuestras vidas incluso tanto tiempo después? ¿O cómo lo que ellos vivieron tiene la capacidad de conectarnos con el amor de Dios por nosotros? ¿Consideramos que nuestro dolor esté pudiendo ser utilizado por Dios para nuestro propio perfeccionamiento, o para crecimiento de otros alrededor nuestro que nos observan o acompañan? ¿Puede ser que Dios esté usando esta situación para atraerte más hacia Él? No desde una tiranía, porque no es Dios quien nos envía el mal, aunque lo permite para bien nuestro, como pasaba con Job. Es desde un amor profundo que Él actúa siempre y nos lleva a ver cosas que, cuando todo nos va bien, no somos capaces de percibir.

El propósito de algo, entonces, no solo tiene que ver con las consecuencias beneficiosas que se deriven de ello en el ámbito visible e inmediato en tiempo y lugar, sino con el uso que nosotros mismos decidimos hacer del dolor y la incertidumbre que vivimos.

Esa decisión también requiere sabiduría de arriba, lo creas o no. Y la gran noticia es que podemos pedirla cuando queramos, sin medida. Dios es el que pone en nosotros tanto el querer como el hacer, por su buena voluntad, como explica Pablo (2:13). Los recursos de Dios para un corazón que se le acerca buscándole de verdad son infinitos. No son los que imaginamos, ni siquiera los que deseamos, pero siempre son los que necesitamos realmente.

ALGUNAS PREGUNTAS PARA REFLEXIONAR:

- *¿Cuáles son los recursos que querrías tener en medio de la situación de crisis que estás viviendo?*
- *¿Cuáles son los que crees que necesitarías realmente?*
- *¿A dónde acudes en busca de recursos en medio de esta crisis por COVID?*

- *¿Con cuánto grado de conciencia vives el hecho de que puedes pedir a Dios todo aquello que realmente necesites, porque en Él están todos los recursos posibles? (No como un genio de la lámpara, sino como alguien que quiere tu verdadero bien de forma madura).*

Pablo decide entregarse al gozo y la paz sobrenaturales que Dios solo da para entresacar bien del mal que vive. Eso se lo ha dado Dios mismo, como todo buen regalo o bendición de la que disfruta. No le resuelve la situación concreta, efectivamente, librándole de la cárcel o del riesgo de muerte, pero le permite generar una oleada de bendición hacia los Filipenses, hacia el mundo que podría verles como luminares si ellos también vivían de esa misma manera, hacia sí mismo y hacia nosotros también, que hoy podemos aprender de lo que vemos en todo esto. En el sufrimiento de Pablo, sin duda alguna, había propósito. El que Dios le daba y el que Pablo había decidido darle, escogiendo que aquello que le zarandeaba fuera para bien del Reino de Dios y no para maldición.

Ya lo hizo en su momento respecto a aquella enfermedad que le oprimía y con la cual sufría tanto, lo que él llamaba un "aguijón en la carne" que le atormentaba, "mensajero de Satanás que le abofeteaba" dice alguna de las traducciones del texto de sus cartas a los Corintios. Pero, a la vez, aquello era una herramienta de Dios para que su soberbia quedara limitada. Así mismo lo expresa él en un ejercicio increíble de autoconocimiento y crítica de sí mismo.

Pablo tenía aquella encrucijada delante y tuvo que escoger: ¿Usaría aquello para bien o para mal? En repetidas ocasiones había pedido directamente a Dios que le quitara ese dolor, y el propósito hubiera sido extraordinario desde nuestra perspectiva humana, seguramente: poder servirle más y mejor, sin impedimentos o trabas. ¿No era eso lo mejor a simple vista?

La respuesta de Dios para Pablo, sin embargo, fue repetidamente "Yo soy suficiente" ("Bástate mi gracia, porque mi poder se perfecciona en tu debilidad", 2ª Corintios 12:9 en su versión RV60).

Es como si le dijera "Confórmate conmigo, no necesitas más". Y porque vemos a Pablo encontrando propósito a pesar de su situación es que hoy sabemos que esto es posible también para nosotros.

Pablo no era un superhombre, sino que se había agarrado al Dios que todo lo puede. Poder ver a Pablo sirviendo a pesar de sus flaquezas, su dolor, su enfermedad, sus recuerdos de culpa por quién fue y lo que hizo, nos anima y trae propósito añadido a su sufrimiento.

Quien le había rescatado era muy superior que aquello que le retenía encarcelado en Roma, y ver el poder de la resurrección en medio de la situación de Pablo nos habla alto y claro de lo que también podemos experimentar nosotros cuando nos dejamos llenar de Dios y de Su carácter en nosotros. Ese es el fruto del Espíritu del que él mismo habla en su epístola a los Gálatas: "amor, gozo, paz, paciencia, benignidad, bondad, fe, mansedumbre y templanza; cosas contra las cuales no hay ley" (Gálatas 5:22 y 23).

¿Y si el propósito en una situación no tuviera que ver con esa circunstancia y un cambio en ella, sino más bien con una transformación en nosotros? Quizá, si empezamos a considerar que Dios frecuentemente no cambia nuestra situación porque quiere un cambio en nosotros, es posible que empecemos a vislumbrar uno de los principales propósitos por los que las cosas pasan.

El dolor y el sufrimiento nos cambian y pueden mejorarnos. Generan en nosotros contacto con la realidad, nos ayudan a poner los pies en el suelo. Nos permiten medir el verdadero tono de nuestras fuerzas. También nos hacen más sensibles al dolor propio y de los demás, de los que tantas veces huimos. El sufrimiento nos obliga a hacernos preguntas, y algunas muy trascendentes, que solo nos hacemos en los peores momentos de nuestras vidas.

Muchas personas se acercan a Dios por primera vez en medio de una crisis personal en la que se saben sin recursos propios. Por eso tienen que buscarlos en otro lugar, en otra Persona. Incluso quienes ya hemos decidido seguir a Jesús, nos reencontramos de manera especial con Él en el sufrimiento, porque en esos momentos su mano nos sostiene como nunca, aunque no siempre sepamos verlo, ni aceptemos el método porque no nos gusta.

Entonces, hay dos formas de vivir el dolor: sobreviviendo puramente o creciendo en medio de él. Modo "Supervivencia" o modo "Vida abundante". Nosotros elegimos.

ALGUNAS PREGUNTAS PARA REFLEXIONAR:

- *¿Para qué puedo usar todo lo bueno y lo malo que me está sucediendo hoy?*
- *¿Para qué puede usar el mundo esta crisis por COVID-19 y otras que quizás vendrán en el futuro?*
- *¿En qué sentidos he crecido a lo largo de mis tiempos pasados de sufrimiento?*
- *¿Decidí pasar por ellos sin más, o me fortalecieron de alguna manera también, aunque en medio de ellos hubiera desgaste?*
- *¿Depende entonces el propósito de algo solamente de que "los planetas se alineen y todo salga bien", como me gustaría?*
- *¿Puede haber intención en dar propósito a un sufrimiento aunque el final, humanamente hablando, sea terrible?*

8
SUPERVIVENCIA

Cuando la situación aprieta mucho,
solo tenemos en mente lo que pasará si no la superamos.
La obsesión no es cómo vivir, sino cómo no morir.

En esta crisis, todos nos hemos hecho mucho más conscientes de lo efímera que es la vida, de que la muerte no avisa y de que estamos expuestos a desaparecer en cualquier momento, o a quedar gravemente tocados por el camino, por el simple hecho de existir.

En el tiempo de confinamiento y miedo hemos buscado, principalmente, sobrevivir. La calidad de esa vida nos ha dado poco más o menos igual, a pesar de nuestros pataleos iniciales, porque la necesidad de supervivencia lo ocupaba todo. Anhelábamos lo que se había perdido, claro, pero se han hecho los ajustes que había que hacer porque la autopreservación era lo urgente. Lo importante, durante un tiempo, quedó en la retaguardia. Siempre es así cuando las cosas vienen mal.

Así, de nuevo y como siempre en la historia de cada ser humano desde sus inicios, el dolor y la desesperación han sido motivadores increíbles para generar nuevos comportamientos en nosotros. Tanto, que nos hemos acostumbrado a este confinamiento y a algunos les cuesta seriamente volver a pensar en una vida a la que haya que hacer nuevos ajustes.

Muchos lo están deseando, se enfrentan a la nueva normalidad con un intento de sonrisa en la cara, pero a veces es una forzada y antinatural. Otros se enfrentan a esto sin reservas, pero no siempre lo harán desde el sentido común, sino desde el impulso, como observamos cuando miramos alrededor. Son los "sin ley" y les da igual su bienestar y el del resto. Solo buscan satisfacer su deseo inmediato de hacer lo que quieran. Lo demás, les da igual.

Lo vivido al explotar la crisis en la que estamos aún —me recuerdo que, en el momento en que escribo estas líneas, esto no se ha terminado— nos ha permitido un bombazo de adrenalina que nos ha regalado el enfrentar la situación, y prorrogar nuestra forma de abordarla con más o menos éxito. Pero, en el fondo, por nuestra naturaleza incauta y poco preventiva, más dada al "seguro que no" que al "por si acaso", seguimos considerando todo esto como algo que pasará y para lo que no hace falta realizar grandes cambios de raíz.

Estamos simplemente esperando que esto se pase. La pregunta del millón es "¿Y si no pasara?". Por eso, lo que parecía que las personas estábamos aprendiendo en el confinamiento, esa solidaridad que creíamos haber despertado en nuestras conciencias, ese sentido de familia colectivo, ahora constatamos que realmente no era un aprendizaje sólido, sino una forma de salir del paso cargada de buenas palabras y pocos hechos más allá de lo superficial. Tocaba, era políticamente correcto, nos hemos llenado la boca de grandes consignas tipo "Todo saldrá bien" (que puede que sí, o puede que no), las manos de aplausos a los sanitarios... pero seguimos siendo los mismos. Queremos seguir igual, y que cambie la situación, pero no nosotros.

Somos de memoria corta y de vista aún más escasa. De hecho, solo tenemos que mirar alrededor ahora que estamos enfrentando la nueva normalidad. En el ámbito colectivo, me temo que somos los de siempre, aunque seguramente un poco más necios que antes si no hemos aprendido nada de lo vivido. Y somos así como comunidades porque no hay un cambio de raíz como individuos. Todo empieza en cada cual, no en el de al lado.

La situación que nos llevó a centrar todas nuestras fuerzas en la supervivencia no nos cambia la vida por las buenas y sin intención de nuestra parte, en definitiva. Solo lo parecía, pero era puramente circunstancial. Da igual que se llame COVID-19 o cualquier otra cosa que nos ponga al límite: lo que trae a nosotros es un cambio solo temporal mientras dura la parte más fea de la tormenta. Luego, nos decimos "todo pasa" y cruzamos los dedos para que sea pronto. De forma que la situación, *per se,* no tiene la capacidad de cambiarnos. Necesitamos algo más. La desesperación que hace un tiempo nos ahogaba y que solo gritaba "¡No quiero morir!", ahora parece haberse evaporado y nos comportamos de forma más inconsciente que nunca.

Así que parece evidenciado que hace falta algo más que una mala situación para que los seres humanos cambiemos. Si es muy desesperada, ayuda al cambio de fondo, parece ser, pero no lo es todo. Y, esta situación por la pandemia, a la mayoría de nosotros no nos ha apretado lo suficiente para hacer un cambio real. Necesitamos más de lo que hemos vivido. Eso se encarga la historia de recordárnoslo a poco que nos asomemos a ella: la humanidad ha vivido situaciones terriblemente críticas de las que, no solo no ha salido mejor, sino que ha salido retratándose una y otra vez en lo mismo, podredumbre sobre podredumbre.

Cuando vivimos en modo supervivencia, que es lo que hemos descrito hasta aquí, hacemos las cosas de otra manera temporalmente, pero ese cambio se debe al miedo y no a una transformación profunda en nosotros.

Ese es el drama que arrastramos y no tardamos mucho en verlo a poco que la cosa mejore, aunque sea levemente. Con lo vivido, muchos han pensado que las personas vamos a cambiar. De manera idealista esperan que esto nos haga las buenas personas que creemos ser en el fondo.

Ahora, pocas semanas después de haber pasado lo peor de esta crisis hasta aquí, observamos que no es así, sino que hemos ido simplemente rescatando los muebles. Vamos intentando salvar la situación, pero nada que se proyecte a largo plazo y sea profundo, porque eso requiere esfuerzo y claro compromiso.

Funcionamos como el niño que obedece solo por miedo al castigo de sus padres y no por la convicción que garantizaría un cambio duradero que le ayude a madurar y a ser la persona que puede ser. Así, frente a una situación como esta, en la que hemos tenido delante la enfermedad y la muerte a pocos centímetros de nosotros, nos hemos puesto las pilas mientras se palpaba la desesperación. En estos días ya se nos ha olvidado lo importante que hubiera sido ser previsores, tener arsenal para las nuevas crisis que se presenten o aprender lecciones valiosas de todo esto. ¿Será que aún estamos a tiempo?

ALGUNAS PREGUNTAS PARA REFLEXIONAR:

- *¿Cómo has vivido tú el periodo de confinamiento?*
- *¿Cómo te estás enfrentando a la nueva normalidad?*
- *¿Has tenido la sensación o, incluso, la convicción de que las personas en general estaban cambiando, que estaban aprovechando la situación para mejorar?*

- *¿Puedes pensar en situaciones históricas pasadas que la humanidad ha vivido y que podrían haberse aprovechado para, no solo sobrevivirlas, sino para mejorar como seres humanos?*
- *¿Qué piensas de nuestra capacidad para recordar el dolor?*
- *¿Qué opinas de cómo usamos esos recuerdos y vivencias para proyectarnos a lo que viene por delante?*

¿Por qué nos cuesta tanto prepararnos para el día difícil? ¿Por qué esa resistencia constante a construir nuestra vida sobre cimientos sólidos que nos ayuden a tener buena estructura para los días complicados, que siempre terminan llegando aunque miremos para otro lado?

Mi visión en estos días atrás al mirar alrededor, hacia el caos de lo que estaba pasando, se parecía bastante a la de personas intentando construir a la desesperada algo sólido cuando habían pasado su tiempo anterior tumbados al sol en una hamaca.

En un sentido, a todos nos ha pillado desprevenidos la crisis concreta del COVID-19, pero no a todos por igual nos ha descolocado la idea de dificultad. Esa es la diferencia entre unas personas y otras, dependiendo de dónde tienen puestos sus fundamentos y de cómo construyen sus vidas. Todo recuerda, cuando lo conceptualizamos así, a la famosa fábula de la cigarra y la hormiga.

Así, a lo largo de un continuo, podemos encontrar al menos tres tipos de personas:

- Muchas que viven sus existencias como si nunca fuera a pasar nada, como si pasara solo a los demás, como si fueran a vivir para siempre. Prefieren no pensar en la enfermedad, en la muerte, y le llaman a su forma de existir "Vivir la vida", centrados en el momento y nada más. *Carpe diem* como disfrutar el momento, no como aprovecharlo. Para ellos, eso es la vida más abundante a la que se puede aspirar. Sin embargo, también viven rodeados de ansiedad porque necesitan desesperadamente que todo salga bien, que no haya imprevistos, controlarlo todo... y nada de eso es posible. Este virus nos lo ha demostrado. Queremos que todo salga bien, pero a veces todo puede salir mal. Cuando luego las cosas pasan, llega también la desesperación y el procurar sobrevivir a toda costa. Porque ni siquiera construyeron una pequeña cabaña que les resguardara de la noche o del invierno y mucho menos se dedicaron a rellenar el granero para la época del frío.

- Algunas otras personas tienen un sentido diferente al enfrentarse al mundo. Deciden atender a las múltiples señales alrededor que nos dicen que muchas cosas pueden salir mal, que no somos invencibles, ni invulnerables, y que hay que trabajar sólido y duro para ser personas estables y con capacidad de sobrevivir. Ellas construyen una casa más solida que los anteriores, pero lo hacen, no en base de lo que verdaderamente la sostendrá, sino de lo que ellos CREEN que la sostendrá. Llegado el tiempo de la tormenta, no les pillará desprevenidos, porque la esperaban, pero nada garantiza que la casa siga en pie cuando sople el viento. Es como si un albañil novato decidiera construir una gran casa en base a su intuición, pero no en base a los conocimientos que podría darle el mejor arquitecto del mundo, que ha comprometido además su propio nombre y prestigio en ese proyecto.

- En un tercer grupo están aquellos que saben que es de sabios plantearse las cosas trascendentes de la vida como la enfermedad y la muerte, aunque duela, porque este trayecto viene cargado de curvas nos guste o no. Y no miran solo aquí: miran hacia la eternidad, porque además de las luchas que vemos están las que no vemos, que son mucho más importantes y titánicas. Esas personas se hacen preguntas a lo largo de su vida sobre cosas que van más allá que lo individual, lo material o lo disfrutable y, aunque ese ejercicio es desagradable a corto plazo, les prepara a largo plazo buscando respuestas, no solo en su propia intuición, sino en referencias que hayan traspasado la barrera del tiempo y la dificultad. Son las hormigas que están abasteciendo el granero, aunque sea verano, y que obedecen a cómo han de ser construidas las cosas para que verdaderamente tengan carácter duradero frente a la tormenta y el invierno que siempre llegan.

Los cristianos, entre los que me cuento, deberíamos estar en esta tercera sección, pero no siempre vivimos así.

Pablo estaba en ese grupo, qué duda cabe. Sus palabras en Filipenses lo dejan patente una y otra vez. Porque no solo da crédito a las muchas señales que el día a día trae sobre la realidad de cuán efímeros somos, sino que además le da crédito a Jesús cuando dice que Él es la Roca sólida sobre la que podemos establecer nuestra estructura de vida, de forma que, cuando lleguen las tormentas, nuestra casa no se venga abajo como si estuviera construida en arena.

Pablo creía esto, pero no era solo que lo creía, sin más. Su creencia se basaba en el "Evento Resurrección", que no había tenido parangón en la historia. Ni la muerte había podido tumbar a Jesús. Lo hizo solo temporalmente, para ser levantado después a la vida y elevado a los cielos, donde reina y nos prepara lugar.

Nosotros creemos esto cuando decidimos seguir a Jesús, aunque no siempre lo vivimos como Pablo. En esos momentos tenemos un pie teóricamente en el tercer grupo que describíamos, pero el otro en el segundo, porque vivimos la vida cristiana a nuestra manera y poniendo en entredicho aquellas cosas de las que Jesús mismo nos avisó y que debemos tener en cuenta.

Pablo estaba avisando a los filipenses sobre cómo era importante que construyeran el edificio de su vida, acorde con la forma perfecta en la que el Arquitecto por excelencia había empezado a desarrollarlo. Para el cristiano que se toma en serio las palabras de Jesús, Jesús no solo es una roca sólida. Es LA piedra angular y principal sobre la que se sostiene el edificio completo. Sin Él, la estructura se cae, da igual cuánto empeño hayamos puesto en ella. Dios es el arquitecto perfecto y su nombre está comprometido en la permanencia de esa casa. Construir en la roca no es opcional si queremos que el edificio se sostenga. Es prescriptivo y mandato de fábrica.

Así y en definitiva, Jesús habló de algo que trasciende mucho más allá de la vida aquí. Estamos diseñados con eternidad en el corazón. Por eso, esta vida a secas no nos satisface y buscamos constantemente aderezarla y huir del malestar.

Él nos enseñó que hay mundo fuera de nosotros mismos y que, como criaturas de Dios, estamos llamados a volver a referenciarnos a Él, a reconciliarnos y a cumplir el propósito de relacionarnos estrechamente con quien tanto nos ama para que nos vaya bien y la tormenta no nos destruya cuando llegue el día malo. Pocos momentos como los tiempos difíciles para tomar conciencia de eso, a no ser que hayamos decidido solo estar en modo supervivencia. Jesús habló en Mateo 7: 24-29 de dos cimientos sobre los que construir la casa de uno: la roca o la arena.

Desde fuera, ambas vidas y ambas edificaciones pueden parecer iguales, pero no lo son:

- La casa fundamentada sobre la roca puede aparentar ser más fea, más insulsa, porque no se preocuparon demasiado de adornarla según la estética imperante. Además, a veces los cristianos podemos ser bastante torpes construyendo nuestras vidas, pero tenemos de nuestra parte a quien más sabe de edificios y eso hace que la casa no dependa de nosotros, aunque hemos de trabajar en ello de forma voluntaria, sino de lo que hacemos cuando nos ponemos en sus manos.

- La otra casa, por otro lado, al fin y al cabo está pensada basada solo en el disfrute, con lo que puede resultar tremendamente atractiva: se tarda poco en construirla, se invierte poco en materiales, reduce los esfuerzos por cavar bien hondo para unos buenos cimientos o los elimina directamente... y, mientras se disfruta, anima pensar lo menos posible en que nada pueda salir mal, porque lo otro sería "aguarnos la fiesta".

Por eso, para quien no cree, los cristianos estamos locos, simple y llanamente. Para muchos, estamos malgastando la vida. Somos los "aguafiestas" que avisan de que el sol no brilla siempre (aunque debo reconocer que algunos cristianos parecen creer que sí, pero eso nunca lo dijo Jesús).

A veces somos también olvidadizos y hemos de recordarnos que lo que empezamos construyendo de forma sólida debería seguir así. Pero viendo vidas como la de Pablo nos damos cuenta de que hay otra forma diferente de vivir, que no es la de puramente sobrevivir, sino la de construir una edificación sólida frente a las tormentas de la vida y hacerlo a diario, ocupándonos cada día en esa construcción que, en cualquier momento, puede ser zarandeada por un huracán como el que vivimos.

ALGUNAS PREGUNTAS PARA REFLEXIONAR:

- *Tanto si eres cristiano como si no, ¿con cuál de estos tres tipos de personas que se han descrito te identificas más? (¿Eres de los que vives el día solamente, de los que inviertes en tu propia estructura o de los que inviertes en la estructura que Jesús ofrece?).*
- *¿Qué es, para ti, lo más difícil cuando uno quiere verdaderamente vivir una vida basándose en criterios sólidos y no permanentemente cambiantes?*
- *Tanto si eres seguidor de Jesús como si no, ¿piensas que esta crisis que estamos viviendo te está llevando seriamente a considerar construir tu vida de una forma diferente?*

La motivación y el empuje que nos imprime pensar en la muerte no suelen ser los mismos que los que nos aportan pensar en la vida. De hecho, mientras todo nos va bien, pensamos poco y mal, porque estamos absolutamente distraídos con disfrutar, o con buscar nuevos encantos.

Cuando, sin embargo, tenemos un escenario dramático y que nos salpica delante, cuando vemos el peligro ya encima de nosotros, o nuestra casa hecha pedazos, es cuando entramos en pánico y empezamos a reaccionar.

Es una pena que seamos así. En esos momentos, se apodera de nosotros la preocupación, la amenaza presente y solo orientamos nuestros pocos recursos a resolverla o salir del paso, al menos. Pero la reflexión de fondo, la realmente importante, la que traería cambios de peso a nuestra vida, vuelve a quedarse pendiente, porque la supervivencia nos absorbe del todo y perdemos de vista la posibilidad de vivir una vida abundante, por encima de las circunstancias.

En el mejor de los casos, al ver nuestra casa hecha trizas delante de nosotros, y si actuamos de forma autocrítica, aceptaremos que estamos a cero porque nos dedicamos a tumbarnos al sol en vez de a construir en los tiempos entre crisis. En ese escenario, no tenemos cómo responder si no es basándonos en la adrenalina, porque el tiempo apremia y la situación se nos acerca para pasarnos por encima como una apisonadora como no nos resguardemos a tiempo.

En otros muchos casos, cuando huimos de ser autocríticos, saqueamos las casas de otros, culpabilizamos a alguien que pasaba por allí, o empezamos a acordarnos de que siempre hay un Dios al que poder echarle las culpas de lo que sea. "Al fin y al cabo, parece guardar silencio frente a la situación" –pensamos.

En ese momento, los seres humanos pasamos de ser ateos convencidos a renunciar a ese Dios que, evidentemente, declaramos que existe cuando le culpamos, pero que no nos interesa porque no nos da las cosas a capricho y como queremos. Y así seguimos dando vueltas en círculo ante cada crisis, cada oportunidad de volver a replantearnos la solidez de nuestra vida, intentando buscar carreteras secundarias para ir de A a B, cuando la línea recta siempre fue el camino más obvio y rápido.

Si construimos la casa a nuestra manera, sin contar con el Arquitecto, revisamos nuestras construcciones, intentamos decidir dónde fue que nos equivocamos, procuramos nuevos métodos, herramientas, técnicas y estrategias... pero no somos conscientes de que la construcción no será capaz de enfrentar la peor de las crisis que algún día enfrentaremos, sea por COVID-19 o no: la muerte misma. Y es que nadie como Jesús resucitado ha podido dar respuesta real y eficaz a eso.

Podemos dar un rodeo para ir de A a B, pero el asunto de la muerte siempre nos lleva al mismo punto: tenemos un problema que resolver y los seres humanos no hemos encontrado la respuesta. De hecho, la Biblia nos dice que no podemos encontrarla al margen de Jesús.

Nadie tiene, de hecho, una mejor propuesta para esto que fuera constatada por testigos dispuestos a dar la vida por ello, como sucedió con los discípulos de Jesús, con Pablo y con tantos otros. Todo lo demás son hipótesis, pero no hechos que marcaron la historia y la partieron en dos son los relacionados con el "Evento Resurrección".

Podemos tardar todo el tiempo que queramos en abordar el asunto de frente, pero sigue ahí, delante de nosotros, a la espera de ser resuelto con una respuesta contundente e inamovible, sea cual sea la circunstancia.

Pablo no vivía en modo supervivencia. Se había preparado concienzudamente sabiendo lo que le esperaba por delante. No sabía los pormenores, ni los detalles, el cómo o el cuándo, pero sabía que los tiempos de bonanza no durarían para siempre. Mientras fue perseguidor de la iglesia y un destacado erudito de su tiempo, no tuvo problemas. Todo iba bien. La cosa se complicó cuando entendió que toda aquella aparente solidez estaba justo en las antípodas de donde debía y siempre quiso dirigirse: hacia Dios, que no se deja encontrar de cualquier forma, sino de la manera en la que Él ha querido darse a conocer, Jesús.

Pablo quería agradar al Dios de sus padres, al Dios de su pueblo, pero lo que estaba haciendo era todo lo contrario. La ley judía no le servía para el propósito de agradar a Dios. Solo ayudaba a visibilizar su incapacidad, que es para lo que Dios entregó esas leyes en primer lugar. Estaba creando necesidad, en definitiva.

Pablo tuvo que tener su propia crisis de identidad, de enfermedad, de romperse para dejarse reconstruir de cero... y tuvo que elevar un nuevo edificio desde los cimientos, con su base en la roca que es Cristo, porque no había otra forma.

Solo Jesús es el Camino, la Verdad y la Vida, y dejó suficientemente claro en vida que nadie se acercaría a Dios si no era a través de Él (Juan 14:6).

Nada de rodeos, aunque esa nueva forma de vivir pudiera costarle lo máximo. Todo lo tenía por basura y su ganancia era otra. Hacia lo que se dirigía era tan grande que todo lo demás quedaba opacado por el brillo de ese descubrimiento y, sobre todo, por el brillo de alcanzar a su Señor, que le había rescatado de su propia construcción inútil.

ALGUNAS PREGUNTAS PARA REFLEXIONAR:

- *¿Cuán fácil o difícil piensas que nos resulta a las personas renunciar a nuestro propio diseño de las cosas para aceptar uno mejor? Cuantifícalo de 0-100.*
- *¿Qué crees que hay detrás de esas dificultades que expliquen ese porcentaje? (¿Orgullo? ¿Prejuicios? ¿Miedo?...).*
- *¿Crees que, en cuanto al tema de la muerte, estás yendo realmente de A a B por el camino más seguro?*
- *¿Consideras a Jesús como ese único camino para enfrentar ese asunto teniendo en cuenta el "Evento Resurrección? Si no es así, ¿cuál es tu camino alternativo y en qué consiste?*

En el modo supervivencia, entonces, pretendemos muy a menudo salvar, a duras penas, el momento y, en el mejor de los casos, lo hacemos solo por los pelos, pero además, sin garantías de permanencia. Puede que en este primer brote no nos hayamos contagiado o tenido pérdidas, pero ¿qué o quién nos garantiza que no habrá nuevas réplicas o que no sucumbiremos ante ellas?

Mientras esto llega o no, disfrutamos aparentemente de la vida, pero no nos ocupamos de los días malos que vendrán. Ese disfrute es solo superficial, pero demasiadas veces lo significa todo para nosotros porque hemos empobrecido nuestras vidas casi sin darnos cuenta. Ese modo supervivencia está excesivamente dependiente de las circunstancias, de que todo salga bien, pero no sobrevuela por encima de ellas como necesitaríamos. Necesita terreno demasiado favorable para desarrollar su beneficio, pero no está entrenado para abordar las dificultades creciéndose en ellas y garantizando gozo y paz en toda situación.

En un sentido, este modo supervivencia refleja muy bien nuestro estilo de vida en este "primer mundo" del siglo XXI. Personas que vivimos en la era de la información, las telecomunicaciones y el avance médico-científico, pero que, sin embargo, cada vez optamos más por el suicidio como forma de afrontamiento.

Las cifras no mienten. Más bien no paran de crecer, lo cual es, como poco, curioso, porque deberíamos evolucionar y no involucionar. Y si bien es cierto que no todas las personas optan por el suicidio ante el sufrimiento, efectivamente, hay múltiples variables detrás de ese fenómeno que sí se dan en cada uno de nosotros:

- La realidad de las ideas de muerte es palpable en buena parte de la población en algún momento de su vida. Es decir, no planificarán su suicidio o no lo ejecutarán, pero sí habrán sopesado lo que la muerte les aportaría en positivo cuando se han encontrado muy mal. El problema es que "resuelven" en lo inmediato, pero ¿es eso una solución? ¿Qué pasa después para el que se va y para los que se quedan?

- El consumo de sustancias como alcohol o drogas tiene en su base un intento por escapar y eludir los sentimientos de vacío y necesidad que las personas tenemos en muchos momentos de la vida. Las cifras tampoco paran de crecer en ese sentido.

- El uso de medicación para evitar muchos de nuestros "malestares normales" como tristeza, miedos, culpa y demás emociones de signo negativo hablan de que no estamos entrenados en hacerles frente, ni siquiera en mínimas dosis. Somos expertos en todo menos en vivir con las cuotas normales de dolor que la vida trae. Por eso, cuando la cosa se complica, nos rompemos completamente y escapamos, en ocasiones, por la puerta de atrás.

- Esa urgencia salvaje que muchas personas viven por llenar sus vidas de cosas materiales, sensaciones, relaciones y experiencias que les disparen la adrenalina, no son, ni más ni menos, que otra forma diferente de adicción. Pero tienen el mismo objetivo: amortiguar el dolor de una vida que viene con demasiadas curvas que no queremos atravesar solo, o que resulta demasiado anodina en ocasiones y requiere de más estímulos cada vez.

- Evitamos cualquier cosa que nos haga sentir mal. Solo queremos felicidad, duradera y a bajo coste, a poder ser. Ni siquiera nos sirven los momentos de felicidad. Ahora, además, tenemos muchos más medios a favor para intentar crear un espacio en el que eso sea posible: hemos reducido la frustración que nos traen nuestras vidas proyectando en las redes lo que nos gusta que la gente vea de nosotros, podemos relacionarnos sin poner demasiada carne en el asador, modificamos nuestras palabras y principios según nos va conviniendo en cada momento... Todo muy fluido y líquido, porque lo sólido obliga y nos resistimos a ello.

ALGUNAS PREGUNTAS PARA REFLEXIONAR:

- *¿Tienes a veces la sensación de estar viviendo en modo supervivencia?*
- *¿Cuál es, de 0-100, tu grado de satisfacción general con la vida?*
- *¿Te sientes envuelto por la forma de vivir que se tiene hoy, buscando la felicidad a todas horas y evitando el malestar como sea?*
- *¿Qué tipo de estrategias usas tú cuando quieres huir de tu malestar? ¿Se parecen a alguna de estas que se han mencionado?*

Nuestros sentidos, ante una situación adversa, tienden con facilidad a ver con desesperanza y a buscar escapatorias como sea del malestar que nos asfixia.

En momentos de sufrimiento, el gozo o la paz de la que habla Pablo parecen meramente un chiste. Esas cosas no existen en el modo supervivencia, aunque en realidad son las que cada uno de nosotros estamos buscando verdaderamente.

Las personas, ante las situaciones extremas, lo vemos todo negro, caemos rápidamente en la indefensión, en la melancolía y en la depresión. Y desde estas emociones es muy difícil hacer lo que hay que hacer para vivir de forma plena. Conseguimos poco, aparte de desesperarnos. Estamos solo sobreviviendo. Es lo que tiene el dolor: posee la capacidad de que le veamos en primer lugar a él y que todo lo demás quede relegado a un plano muy secundario y, a veces, inexistente para nuestra corta vista.

Esto nos quita a menudo las pocas fuerzas que tenemos, así que el modo supervivencia nunca cumple lo que prometió, aunque nos lo haga creer:

- Es básicamente un engaño porque, para empezar, no se autodenomina "modo supervivencia" (de esa forma, no lo querría nadie). Si a alguien le hicieran elegir entre dos elementos, uno que se llame "modo supervivencia" y otro "vida abundante", dudo mucho que escogiera el primero. Yo, al menos, no lo haría.

- En segundo lugar, el modo supervivencia nos permite, si acaso, un tiempo de aparente disfrute sin recortes. Todo vale, rápido y fácil, mínima inversión, pero no se insiste en la letra pequeña del contrato: lo feo viene y viene pronto. Mientras estamos distraídos en todo ese disfrute aparentemente gratuito, estamos firmando nuestra sentencia de falta de provisión para el tiempo de dificultad y lo hacemos voluntariamente de nuestro propio puño y letra.

- En ese "jolgorio" de una vida construida a nuestra manera, percibimos una especie de liberación por no tener que ocuparnos de lo que otros que construyen más sólido se están teniendo que ocupar. Nos sentimos afortunados y mucho más listos, por supuesto. Pero a la vez estamos pagando un precio altísimo en ansiedad, porque necesitamos desesperadamente que todo salga bien y mantener el estándar que hemos adquirido para que el castillo de naipes no se venga abajo.

- No sabemos vivir con incertidumbre, o sin tenerlo todo controlado, o asimilando la idea de que, en algún momento y sin previo aviso, todo se pueda evaporar. Cuando una casa se construye sobre la arena, sobre valores líquidos, no hace falta más que una pequeña subida de la marea para que se venga abajo con todo lo que tiene dentro. Algo en nuestro interior nos dice que esto puede ser así y que, de hecho, lo será, pero preferimos mirar para otro lado, porque en modo supervivencia no queremos complicarnos con reflexiones innecesarias. Pensar resulta ser para nosotros, en esos momentos, todo lo contrario del *carpe diem* de disfrute que tanto nos gusta.

- En último lugar, cuando el día malo llega tenemos que empezar a buscarnos la vida a la desesperada, como locos, porque el huracán que ha venido se lo ha llevado todo y no nos ha dado margen para prepararnos. Ahí lanzamos las manos al cielo, gritos al aire, puñetazos al pecho, nos ahogamos en la situación y buscamos responsables, generalmente fuera de nosotros. Lejos quedó el cuadro en el que nos veíamos a nosotros mismos disfrutando y haciendo caso omiso de todo lo demás. En modo supervivencia lo importante era que nada nos perturbase. Pero la vida es más que eso y mucho más que ausencia de dificultad. Significa herramientas en medio de ella, venga lo que venga.

Cuando pensamos en la gente hoy y en cómo vivimos nuestras vidas, seamos cristianos o no, no vemos lo que observamos en Pablo. Creo que eso no pasa desapercibido para nadie.

Su posición frente al dolor no es la nuestra. Me preocupa que incluso los seguidores de Jesús nos hemos intoxicado de todo esto que se vive alrededor nuestro, conformándonos demasiadas veces con el modo supervivencia, sin aspirar a más, a pesar de que se nos ha dado una nueva naturaleza. Todo lo contrario a lo que Pablo proponía en Romanos 12:2 cuando animaba a no conformarse con la forma de pensar y vivir de este siglo, sino más bien transformar y renovar nuestro entendimiento para descubrir cuál es la buena voluntad de Dios, agradable y perfecta, aunque no nos guste aquí y ahora. De hecho, comenzamos esta reflexión para poder empezar a pensar de otra manera, ¿recuerdas? Cada vez nos acercamos más hacia donde Pablo estaba... vida abundante.

ALGUNAS PREGUNTAS PARA REFLEXIONAR:

- *¿Alguna vez has tenido la sensación de que la vida es, en cierto sentido, un engaño?*
- *¿Puede tener que ver todo esto con alguna de las cosas que acabamos de comentar?*
- *¿Qué esperas de la vida que no has alcanzado aún?*
- *¿Dirías que vives o sobrevives?*

Pablo no hablaba de filosofías, de espiritualidades zen, o de pensamiento positivo. Esas aproximaciones están muy lejos de lo que el "Evento Resurrección" pone encima de la mesa.

Si hay vida y hay muerte, que las hay, y la resurrección plantea la respuesta a la muerte, esto marca la dirección a la que nos dirigimos para vivir distinto. Porque, entonces, todos los demás mensajes de Jesús, cada cosa que dijo, es absolutamente cierta. Solo por pensar en algunas:

- Podremos venir a Él, trabajados y cargados, y Él nos hará descansar (Mateo 11:28-30). Si pudo resucitar, entonces no hablaba de vacío cuando lo advirtió. De la misma forma, esta promesa y todas las demás se constatan como ciertas, precisamente por ese evento sin precedentes.
- No tendremos que preocuparnos de qué comeremos o vestiremos, porque Él tiene cuidado de nosotros, como de cada pájaro o flor del campo (Lucas 12:27).
- Ni un solo cabello de nuestra cabeza cae sin su permiso, sino que Él está en el pleno control de todas las cosas, como dice en Mateo 10:30-31.
- Conoceremos la verdad y esa verdad que es Él mismo nos hará libres (Juan 8:32).
- Sólo Él es el Camino, la Verdad y la Vida y nadie se acerca a Dios (ni resuelve el problema de la muerte) si no es por Él (Juan 14:6).

Lo que Jesús plantea es el recorrido más seguro de A a B. De hecho, es el único que sirve para llegar a destino, pero las personas queremos una vida abundante sin el recorrido que implica, y no aceptamos a Jesús, por ser, Él mismo, el Camino.

La única opción que Dios ofrece no nos gusta. Queremos rescate sin Salvador. Es más, ni siquiera aceptamos querer un rescate, porque nos cuesta reconocer que necesitamos algo de alguien, mucho menos de Dios.

Nos creemos autosuficientes y no renunciamos fácilmente a esa visión de nosotros mismos, aunque las cosas se pongan a veces terriblemente feas. "Aunque la casa se caiga y nos sepulten las ruinas –nos decimos– al menos que la casa sea absolutamente nuestra". Porque para el autosuficiente es preferible eso que una casa que no caiga, si es Otro el que la sostiene. ¿No será, frente a esto, que autosuficiencia y necedad se parecen bastante?

¿Cuántos crees, honestamente, que pueden estar replanteándose seriamente un Dios en medio de esta crisis por COVID-19, o empezar a tener relación con Él? Incluso en el caso de que diéramos por hecho que existe, ¿cuántos estaríamos dispuestos a amarle, a darle el papel que le corresponde en nuestras vidas, después de conocer el sacrificio de Jesús por nosotros?

Creer que hay un Dios es relativamente fácil. Eso es solo la primera parte y no hace una diferencia relevante en la vida de la mayoría. Sujetar nuestra vista, pensamiento y forma de vida a Él por amor, sin embargo, son cosas bien diferentes.

Hoy prácticamente nadie quiere eso. Queremos un Santa Claus que nos conceda deseos, no un Dios que nos ame como ama este y que en ocasiones permita el dolor por el que crecemos. Pablo no creía en Santa Claus y su vida no era un cuento de hadas. Pero tenía gozo y paz en el sufrimiento y eso es justo de lo que nosotros adolecemos. Seguimos estando dependientes de las circunstancias para poder vivir algo que se parezca a una vida plena.

El hombre y la mujer de hoy seguimos sobreviviendo, entonces, en el mejor de los casos, y simplemente nos conformamos con ir tirando. No queremos profundizar, ni escuchar nada que contravenga nuestros deseos. "Bastante corta es la vida –nos decimos– como para encima complicárnosla con cuestiones filosóficas".

En estos días de pandemia, muchas veces ni los propios cristianos analizamos la realidad en clave diferente, desgraciadamente. No somos capaces de entender los tiempos que vivimos. Nuestro lenguaje, nuestras preocupaciones, nuestras prioridades... nos delatan y muchas veces son las mismas que las del resto, a pesar de tener a Jesús en nuestra vida.

Nos parecemos mucho más al mundo sin Dios que nos rodea, que a lo que Pablo vive en la cárcel, empapado de ese Dios. Si viviéramos lo que él, no nos generaría sorpresa su carta y lo que en ella expresa. Por eso lo sé: porque me sorprende. Conozco los términos, pero tengo que dar el paso de fe que me lleve a vivir así sin reservas. Esas que veo en Pablo no son aún mis palabras, pero querría que lo fueran. Quiero proseguir al blanco al saber que no lo he alcanzado aún, pero que puedo seguir hasta llegar a la meta, que es segura porque Otro ha hecho todo ya por mí y solo me pide que le siga.

ALGUNAS PREGUNTAS PARA REFLEXIONAR:

- *Tanto si eres seguidor de Jesús como si no, ¿has pensado cuántas otras frases y realidades pasan a ser verdad por el hecho de que la resurrección sea cierta?*

- *Si echas un ojo a los evangelios, donde se relata la vida de Jesús desde cuatro puntos diferentes de vista, ¿qué otras verdades puedes abrazar como realidades absolutas a partir del hecho de la resurrección?*

- *¿Qué otras formas ves que se emplean en el día de hoy, aparte de lo que Jesús planteaba, para ir de A a B y "resolver" el problema de la muerte?*

¿De qué otras formas puedo tener certeza si estoy viviendo en modo supervivencia? ¿Hay alguna pista que me pueda indicar esto con más claridad?

Sé que solo estoy viviendo en modo básico porque...
- ... me colapsan las circunstancias;
- ... sigo peleando la situación demasiadas veces en mis propias fuerzas sin contar con los recursos que Dios me ofrece y que ni siquiera le pido;
- ... mis actividades, preocupaciones y valores no reflejan lo que Pablo reflejaba, cuyo ejemplo y visión a seguir eran el Maestro mismo;
- ... no desbordo un gozo o paz que sean patentes para el mundo en el que vivo y que les lleven a preguntarse de dónde proviene, para mirar hacia arriba y buscar a Dios;
- ... estoy mucho más ocupada en preservar mi comodidad y mi estabilidad que en crecer y ayudar a otros a hacerlo también.

El método de Pablo para pasar de modo supervivencia a modo vida abundante es claro y en dos pasos que son el recorrido y aprendizaje de toda una vida, pero que nos inspiran en esa misma dirección:

- Incorporar a Jesús, su muerte a su favor y el "Evento Resurrección", en su modelo de vida.
- Ocuparse en la salvación que recibe de Dios con reverencia, intencionalidad y buscando honrar al que le rescató de su decisión de vivir por libre y al margen de Él.

Dicho en palabras más cercanas y personales, el primer punto implica incorporar a un Dios personal que ha intervenido en el mundo para rescatarme a mí, con nombre y apellidos, y lo ha hecho sufriendo de forma terrible a consecuencia de mi estado. Jesús vivió esa exclusión, abandono y rechazo que yo debía sufrir, porque soy responsable de no darle a Dios el lugar que siempre debió tener en mi vida. Pero todo no acabó allí: también resucitó y cambió el curso de la historia. Esa es la clave del asunto: máxima implicación, máxima empatía, máximo poder para enfrentarse a la muerte.

Eso es de todo menos el Dios distante que muchos creen entrever en medio de estos días. Si no nos sirve lo que en su momento Jesús hizo por nosotros, de poco serviría cualquier otra cosa que hiciera a nuestro favor en medio de esta crisis. Él no va a volver a morir y resucitar por nuestra incredulidad. Lo que hizo fue una vez y para siempre, y a precio de sangre aunque a nosotros el regalo de la gracia nos salga aparentemente gratis. No es un regalo barato el que se nos ofrece.

Ningún milagro adicional o prueba de amor tendría el valor de esa vida entregada. Costó un precio que seguimos subestimando e infravalorando, incluso siendo cristianos. De ahí que, sin la aceptación de esa primera consigna, no puedes ocuparte de la segunda, evidentemente.

Si no eres seguidor de Jesús, entonces, quizá este tiempo en el que has podido ver tu fragilidad como ser humano, lo efímero de la vida y la realidad de que no podemos salvarnos ni siquiera a nivel puramente terrenal, te pueda generar preguntas en otra dirección, mucho más vertical que horizontal. No encontrarás las soluciones a muchas de esas preguntas aquí abajo, sino mirando hacia arriba y estando dispuesto a escuchar respuestas que te comprometen a un cambio coherente. Nada hay como los tiempos difíciles para pensar en si verdaderamente esto es todo a lo que podemos aspirar.

Si eres seguidor de Jesús, ya sabes que hay mucho más que caos ahí fuera. Hay cambios y pérdidas, ciertamente, pero también oportunidades y bendición de la mano del mismo Dios al que hemos despreciado repetidamente. Sabes que hay mucho más por degustar y descubrir que lo que perciben tus sentidos o los míos, y que nunca Dios se hace tan palpable a nosotros como en tiempos de dolor y sufrimiento. En las épocas de incertidumbre, de zozobra por la tormenta, ninguna voz puede hacerse tan patente como la de Jesús en nuestra barca diciéndonos "No temas".

ALGUNAS PREGUNTAS PARA REFLEXIONAR:

- *¿Cuánto te identificas con los signos mencionados acerca del modo supervivencia? ¿Podrías añadir algunos más?*

- *Cuando pienso en la palabra "supervivencia" se me vienen a la cabeza otras ideas como "escasez" o "por los pelos". ¿Qué conceptos te sugiere a ti esa idea de vivir en modo básico?*

- *¿Qué relación ves, en general, entre las situaciones de sufrimiento que vivimos y la búsqueda de respuestas espirituales en medio de ellas? ¿Puede tener que ver con aspirar a "algo más que simplemente sobrevivir"?*

9
VIDA ABUNDANTE

Que pablo viva en modo abundante
empieza por un lugar que ya mencionamos:
una nueva perspectiva basada en una visión renovada.

Jesús siempre habló de vida abundante, no de supervivencia.

Cuando habló con la mujer samaritana en el pozo, le describía ríos de agua viva que correrían de su interior si bebía del agua que Él podía darle (Juan capítulo 4). Evidentemente, hablaba de forma metafórica, porque el agua que ofrecía era Él mismo. Eso de "ríos de agua viva" no suena para nada a supervivencia, me temo. Requería, ciertamente, el paso de fe que la mujer dio y, a continuación, su reacción de gozo y alegría, a pesar de ser una apestada de su tiempo, no se hizo esperar, porque lo que sucedió en su vida fue patente para toda su comunidad.

La abundancia espiritual, esos ríos de agua viva que no cesan de correr, lo cambian todo, de una forma muy diferente a la que observamos en tiempos de mera supervivencia. La vida de Pablo es una de plena abundancia más allá de lo palpable y material, que se nota en su perspectiva:

- Su mirada estaba fijada en otro, Jesús, al que ama por encima de su propia vida, porque el primero dio su vida por él sin merecerlo y eso le ha cautivado y conquistado. Ni con todos los galones de Pablo, que había acumulado todos los que se podían obtener aquí para su tiempo y contexto, estaba exento de necesitar un Salvador, o de requerir del favor de Dios. Lo necesitaba profundamente, pero no lo sabía, hasta que Jesús se encontró con él.

- Pablo también se fijaba en otros, a los que ama y añora, a los que expresa agradecimiento por cuidarle en los tiempos más difíciles, a los que quiere aconsejar para que también puedan centrarse en lo importante en medio de los tiempos malos que corrían para ellos igualmente.

- Él miraba hacia la obra que Dios mismo estaba perfeccionando y terminando en medio de todas las adversidades que estaba viviendo. Él no le había abandonado. Ahí es donde Pablo ve el cumplimiento del propósito de Dios en medio de su sufrimiento y sabe, no solo que no dejará nada a medias o inacabado, sino que todo redundará para bien.

- Al mirar hacia delante, tenía plena convicción de su liberación, fuera por vida o por muerte. Esa esperanza que supera la vida puramente física aquí es la máxima expresión de la vida abundante. ¡Claro que siente tristeza y que su ánimo en ocasiones decae, como él explica en la carta! Por ello, buena parte de sus líneas, en especial el final del capítulo 2, están cargadas de algunas indicaciones que puedan, de alguna forma, aliviarle en su dolor. Pero ninguna está centrada en la autocompasión o en evadir la situación. Más bien la enfrenta con Cristo y por Cristo, al que ama más que a su propia vida. ¿Locura? No. Cautivado y conquistado de forma irrevocable, para escándalo de muchos, incluso hoy en día.

- Pablo miraba, por último, hacia lo que él llama "el día de Jesucristo" y se centra en proseguir hacia esa meta, en agarrarse a Jesús, por el que fue alcanzado primero. Porque se sabe salvo por ese Otro cuya entrega y resurrección le cambió la vida, se sabe aceptable ante Dios, como él dice, profundamente amado, hijo adoptado con todos los derechos, pero consciente de que ha de seguir hacia la meta, porque no la ha alcanzado aún.

¿Contradictorio? No. Solo paradójico. Es la lógica de la vida abundante que no puede entenderse desde el modo supervivencia.

ALGUNAS PREGUNTAS PARA REFLEXIONAR:

- *¿Puedes recordar y describir momentos de vida abundante a lo largo de tu experiencia de vida? ¿Los has experimentado alguna vez al estilo de Pablo?*

- *¿Alguno de esos momentos se ha dado en medio de experiencias de dificultad?*

- *¿Cuánto piensas que ayuda a Pablo no tener su vista centrada en sí mismo?*

- *¿Piensas que la esperanza de Pablo y su nivel de vida abundante sería el mismo si escogiera mirar hacia fuera de sí, pero solo hacia los demás (en horizontal), ignorando la parte más espiritual de esa visión (la vertical)?*

Después de toda esta reflexión, y de responderme todas estas preguntas, comparto contigo lo que creo que es el contexto de una vida abundante:

- Saber que tenemos de nuestra parte a Quien puede salvarnos, no solo en lo venidero, sino en lo presente, y no necesariamente cambiando la situación que vivimos, sino cambiándonos a nosotros en ella.
- Saber que Dios nos ve a través de la perfección de Jesús y su sacrificio cuando lo aceptamos, porque todo lo que somos y nos avergüenza ha quedado de lado para no ser tenido en cuenta nunca más.
- Entender que Él murió por nosotros cuando aún éramos pecadores, que no hemos tenido que hacer nada para ganar esa salvación, sino solo aceptarla. Y que, por tanto, no podemos hacer nada para perderla, solo rechazarla.
- Saber que nada de nosotros le sorprende, con lo que no necesitamos impostar nada frente a Él. Desde su conocimiento completo de nosotros nos ama, aún así, profunda y completamente. Y eso hace que nuestro corazón reviva en medio de cualquier cosa.
- Saber que el poder que obró en la resurrección de Jesús es el que obra en sacarnos adelante en medio del dolor nos reconcilia con un Dios cercano y nos cambia la forma de atravesar el sufrimiento.

Desde esa perspectiva, lo que vivamos aquí es solo temporal y, por tanto, nuestra inversión no ha de ponerse más en lo que percibimos con nuestros sentidos, sino en lo que la fe nos muestra a través de Jesús. No hay coronavirus, ni crisis alguna que pare eso.

Vivimos por fe y no por vista. Vivir "para el vientre, pensando solo en lo terrenal", como dice Pablo, (3:19) no es más que una vida vivida a medias. Es solo modo supervivencia.

Aspirar a ver cumplido en nosotros lo que Dios quiere y puede hacer es, sin embargo, tener acceso a poder vivir en medio de la tragedia o del caos con una perspectiva que solo da poder estar por encima de las circunstancias.

ALGUNAS PREGUNTAS PARA REFLEXIONAR:

- *¿Qué significa para ti "vida abundante", tanto si eres seguidor de Jesús como si no?*
- *¿Son la vergüenza, la culpa, la inseguridad... entre otras cosas, elementos que interfieren tu experiencia de vida abundante?*
- *¿Qué respuestas tienes ante cada uno de esos obstáculos que nos impiden vivir la vida en toda la plenitud que Dios diseñó para nosotros?*

Cuando Pablo anima a los filipenses a vivir en modo vida abundante, a hacerlo con generosidad, pensando en las necesidades de los demás, como hicieron con él en varias ocasiones de forma tan práctica, por ejemplo, mandándole dinero, sabe que construye para ellos, y no para sí mismo.

A él le da igual la cuestión material, porque ha aprendido a contentarse con mucho y con poco, en abundancia y en pobreza. Pero sabe también que el principal fruto de una vida abundante es el amor hacia otros y, cuando él lo da, es la extensión también del amor que él mismo ha recibido primero de parte de Dios hecho carne y muerto en una cruz. Como deudor del amor que recibe, lo sigue compartiendo una y otra vez. No hay nada más importante para él. Y también lo hace extensivo a nosotros, al tener esta carta suya entre nuestras manos hoy.

En esa forma de vida que Pablo ha adquirido por gracia, como ese regalo inmerecido de Quien se apiadó de él porque le amaba, el apóstol se goza en lo que construye para un Reino distinto, de valores distintos, y en el que los protagonistas no somos nosotros. En ese Reino, el que sirve es el mayor, y el primero será el último.

Lo que estamos viviendo en medio de esta pandemia, en estos momentos, se parece mucho más a la filosofía del "Sálvese quien pueda" que a lo que Pablo propone de forma desprendida para añadir méritos a la cuenta de sus hermanos (4:17).

De forma natural, vivimos solo en modo supervivencia. La vida abundante requiere un paso práctico de fe como el que Pablo tomó al entregar su vida al Maestro con todas las consecuencias. Y, de nuevo, por la lógica del Reino, al estar dispuesto a perder su vida en modo supervivencia, alcanzó la vida abundante que nos desafía y reta.

Cuando uno vive en modo supervivencia, necesita que las circunstancias se den de una determinada manera para poder tener sensación de abundancia. Por eso no queremos pensar en el dolor o el sufrimiento: porque nos da pavor que algo pueda salir mal y, si pasa, no sabemos cómo reaccionar.

Todo esto de la pandemia nos ha pillado desprevenidos y muy seguramente nos vuelva a pasar, si no aprendemos algo por el camino. Es tiempo de aprovechar los periodos interguerra, de usar el verano para preparar el granero que nos abastecerá en el otoño y el invierno, que no tardarán en llegar.

Como humanos, necesitamos que todo salga bien, pero no tenemos control para que suceda. De ello depende nuestro bienestar en modo supervivencia, pero eso es tremendamente frágil y fuera de nuestro alcance. Y no es que el modo vida abundante renuncie a la maravilla de poder disfrutar de los buenos momentos. ¡Al contrario! Los reconoce como regalos de Dios, de quien sabe que proviene todo lo bueno.

Pablo lo explica a la perfección cuando, al final de su carta, cuenta cómo ha aprendido a contentarse cualquiera que sea su situación, teniendo abundancia en ocasiones y también teniendo que vivir humildemente (4:11-12). Por eso, el colofón a ese razonamiento es una de las frases más increíbles de todo el texto: "Todo lo puedo en Cristo que me fortalece" (4:13). Esa frase no es un mantra. Es una declaración de principios y la descripción de una realidad que Pablo ha vivido de forma palpable y real en sus peores momentos.

ALGUNAS PREGUNTAS PARA REFLEXIONAR:

- *¿Qué valores, formas y afrontamientos en Pablo sospechas que tienen que ver con ese Reino de Dios que él predicaba? ¿Se parecen en algo a la manera en que tú sueles enfrentar tus dificultades?*
- *Tanto si eres cristiano como si no, leyendo por ejemplo palabras de Jesús como las recogidas en Mateo 5-8 (el famoso Sermón del Monte),*

seguramente encuentras muchas cosas que resultan antilógicas desde nuestra actual forma de vivir. Esas son las que pertenecen a la lógica de la vida abundante. ¿Qué cosas observas que son contraculturales en esa forma de vida?

- *¿Por qué crees que esos principios son capaces de generar vida, cuando en realidad lo que nos dice nuestra lógica de supervivencia es que estamos perdiendo?*

El modo vida abundante no tiene la angustia del modo supervivencia porque no se produce en las fuerzas de uno. No depende de que todo salga bien, sino que se prepara para cuando todo sale mal. Es lo que hemos querido hacer con este recorrido.

La frase que Pablo acaba de expresar al decir "Todo lo puedo en Cristo que me fortalece" implica que Él es el que nos da lo necesario, incluidas las fuerzas, independientemente de cuál sea la circunstancia por la que atravesamos. Nos recuerda que ya no estamos dependientes de la situación si vivimos en ese modo, aunque agradezcamos los tiempos de bonanza y los aprovechemos para crecer y hacer acopio de provisiones.

El gozo en esos casos proviene de la libertad y la paz que trae el hecho de que no tengan que "alinearse los planetas" para poder sabernos bendecidos, amados y cuidados. Así, disfrutamos de plenitud sin tener que generarla. La recibimos por gracia, como obtenemos todo lo demás en el modo vida abundante.

El motor de Pablo eran la vida en Cristo y Su amor, que compartía con otros. Esa era su función y propósito en la vida. Ya no vivía para sí mismo.

Ese es el mayor escándalo para el hombre y la mujer modernos. "¿Para qué otra cosa puede vivirse, si no es para uno mismo?", se dirían probablemente. Pablo no se aferraba a nada y por eso no tenía nada que preservar, ni siquiera su propia vida. ¿Qué puede hacernos más libres que esto?

También estaba empapado de la verdad que libera y visibilizar el camino hacia ella se convirtió en su proyecto de vida. No era cualquier verdad, o cualquier amor, o cualquier forma de vida la que él predicaba. Su fuel era Jesús mismo y el sacrificio de amor por nosotros, que abría el camino al Padre, al amor en esencia, a la luz que estamos buscando aun cuando no lo sabemos.

Todos esos elementos son atribuciones que Jesús hizo acerca de sí mismo. Y no solo eran palabras bonitas, o clichés vacíos de contenido. El "Evento Resurrección" convirtió en declaraciones verdaderas todo lo dicho por el Maestro hasta entonces. Él, que había hablado de sí llamándose la Luz del mundo, el Pan de Vida, el Agua Viva, o el Buen Pastor que da su vida por las ovejas, resucitaba del poder de la muerte para vencer para siempre aquello que más nos atenaza y nos esclaviza, y para hacernos más libres que nunca frente a la tiranía de la dificultad, el dolor y el sufrimiento. Vida abundante es poder experimentar gozo y paz sobrenaturales por encima de cualquier circunstancia.

ALGUNAS PREGUNTAS PARA REFLEXIONAR:

- *¿Quién era Jesús para Pablo y cómo modificaba su forma de afrontar las circunstancias?*
- *¿Quién es Jesús para ti y cómo te ayuda (o no) eso a enfrentar esta circunstancia generada por el coronavirus u otras muchas crisis o dificultades que puedes encontrar en la vida?*
- *Llegado este punto de la reflexión, ¿te conformas con quedarte en modo supervivencia o aspiras a vivir en modo vida abundante?*
- *¿Qué vas a hacer para llegar allí?*

CARTA A LOS FILIPENSES

Traducción "La Palabra"

(Reproducido con permiso
de la Sociedad Bíblica Española)

CARTA A LOS FILIPENSES

INTRODUCCIÓN (1:1-11)

Saludo

Capítulo 1

1 Pablo y Timoteo, siervos de Cristo Jesús, a todos los creyentes cristianos que viven en Filipos, junto con sus dirigentes y colaboradores.

2 Que Dios, nuestro Padre, y Jesucristo, el Señor, os concedan gracia y paz.

Acción de gracias y plegaria

3 Cada vez que os recuerdo, doy gracias a mi Dios,

4 y cuando ruego por vosotros, lo hago siempre lleno de alegría.

5 No en vano habéis colaborado conmigo en la difusión del evangelio desde el primer día hasta hoy.

6 Y estoy seguro de que Dios, que ha comenzado en vosotros una labor tan excelente, la llevará a feliz término en espera del día de Cristo Jesús.

7 ¿Acaso no está justificado esto que siento por vosotros? Os llevo muy dentro del corazón, ya que todos vosotros compartís conmigo este privilegio mío de la prisión y de poder defender y consolidar el evangelio.

8 Mi Dios es testigo de lo entrañablemente que os añoro a todos vosotros en Cristo Jesús.

9 Y esta es mi oración: que vuestro amor crezca más y más y se traduzca en un profundo conocimiento experimental,

10 de manera que podáis discernir lo que es valioso, os conservéis limpios e irreprochables en espera del día del Señor,

11 y seáis colmados de los frutos de salvación que otorga Jesucristo, para gloria y alabanza de Dios.

I. PAPEL CENTRAL DE CRISTO (1:12–2:30)

Cristo es lo único que importa

12 Quiero que sepáis, hermanos, que la causa del evangelio ha sido favorecida con esta situación mía.

13 No solo la guardia imperial en pleno, sino todos los demás han visto claramente que Cristo es la única razón de mi encarcelamiento.

14 Es más, mi prisión ha fortalecido la confianza en el Señor de buen número de hermanos, que ahora se atreven a proclamar la palabra con más valentía y sin temor.

15 Es verdad que mientras unos anuncian a Cristo con rectitud de intención, a otros los mueve la envidia y la rivalidad.

16 Aquellos lo hacen por amor, sabiendo que yo he recibido el encargo de defender el evangelio.

17 Estos otros, en cambio, al anunciar a Cristo se dejan llevar de la ambición y de turbios intereses, pensando que con ello hacen más dura mi prisión.

18 Pero ¡qué importa! Con segundas intenciones o sin ellas, Cristo es anunciado, y eso es lo que me hace y seguirá haciéndome feliz.

19 Sé que, gracias a vuestras oraciones y a la ayuda del Espíritu de Jesucristo, todo contribuirá a mi liberación.

20 Así lo espero ardientemente, con la certeza de que no voy a quedar en modo alguno defraudado y con la absoluta seguridad de que ahora y siempre Cristo manifestará su gloria en mi persona, tanto si estoy vivo como si estoy muerto.

21 Porque Cristo es la razón de mi vida, y la muerte, por tanto, me resulta una ganancia.

22 Pero si vivir en este mundo me ofrece la ocasión de una tarea fructífera, no sabría qué elegir.

23 Ambas cosas me presionan: por un lado, quiero morir y estar con Cristo, que es, con mucho, lo mejor;

24 por otro lado, vosotros necesitáis que siga en este mundo.

25 Convencido de esto último, presiento que seguiré viviendo con todos vosotros para provecho y alegría de vuestra fe.

26 Así, cuando vuelva a veros, tendréis nuevos motivos, gracias a mí, para estar orgullosos de ser cristianos.

Firmes en la fe

27 Solo os pido que vuestra conducta sea digna del evangelio de Cristo para que, tanto si voy a visitaros y yo mismo lo veo, como si estoy ausente y llega a mis oídos lo que se dice de vosotros, compruebe que permanecéis unidos, luchando todos a una por manteneros fieles al evangelio.

28 No os dejéis, pues, intimidar por los enemigos; Dios ha dispuesto que lo que para ellos es señal de perdición, sea para vosotros señal de salvación.

29 Y es que a vosotros se os ha concedido el privilegio no solo de creer en Cristo, sino también de padecer por él,

30 pues estáis librando el mismo combate en el que me visteis empeñado y que, como ahora oís, sigo sosteniendo.

Siguiendo el ejemplo de Cristo

Capítulo 2

1 Si alguna fuerza tiene una exhortación hecha en nombre de Cristo, si de algo sirve un consejo nacido del amor, si nos une el mismo Espíritu, si alienta en vosotros un corazón entrañable y compasivo,

2 llenadme de alegría teniendo el mismo pensar, alimentando el mismo amor, viviendo en armonía, compartiendo los mismos sentimientos.

3 No hagáis nada por egoísmo o vanagloria; al contrario, sed humildes y considerad que los demás son mejores que vosotros.

4 Que cada uno busque no su propio provecho, sino el de los otros.

5 Comportaos como lo hizo Cristo Jesús,

6 el cual, siendo de condición divina no quiso hacer de ello ostentación,

7 sino que se despojó de su grandeza, asumió la condición de siervo y se hizo semejante a los humanos. Y asumida la condición humana,

8 se rebajó a sí mismo hasta morir por obediencia, y morir en una cruz.

9 Por eso, Dios lo exaltó sobremanera y le otorgó el más excelso de los nombres,

10 para que todos los seres, en el cielo, en la tierra y en los abismos, caigan de rodillas ante el nombre de Jesús,

11 y todos proclamen que Jesucristo es Señor, para gloria de Dios Padre.

Lumbreras en medio del mundo

12 Y puesto que siempre me habéis obedecido, queridos míos, ahora que estoy ausente, con temor y temblor ocupaos en vuestra salvación, con más empeño aún que si yo estuviese presente.

13 Es Dios mismo quien realiza en vosotros el querer y el hacer, más allá de vuestra buena disposición.

14 Hacedlo todo sin protestas ni discusiones.

15 Seréis así irreprochables y sencillos, seréis hijos de Dios, intachables en medio de gentes depravadas y perversas, y brillaréis entre ellas como lumbreras que iluminan el mundo.

16 Mantened con firmeza la palabra que es fuente de vida; así, el día en que Cristo se manifieste, podré enorgullecerme de no haber corrido en vano ni de haberme fatigado inútilmente.

17 Y aunque tuviera que sufrir el martirio como ofrenda sacrificial en favor de vuestra fe, me sentiría dichoso compartiendo con todos vosotros mi alegría;

18 alegraos igualmente vosotros de compartir conmigo vuestra alegría.

Timoteo y Epafrodito

19 Con la ayuda de Jesús, el Señor, confío en que podré enviaros cuanto antes a Timoteo para que, al tener noticias vuestras, me sienta confortado.

20 Nadie como él comparte mis sentimientos ni se ocupa tan sinceramente de vuestros asuntos.

21 Todos, en efecto, buscan sus propios intereses y no los de Jesucristo;

22 pero en lo que respecta a Timoteo, ya conocéis su excelente hoja de servicios, pues se ha portado conmigo en la tarea evangelizadora como un hijo con su padre.

23 Espero poder enviároslo tan pronto como vea claro el curso que toman mis cosas.

24 Y confío en que también yo, con la ayuda del Señor, iré pronto a visitaros.

25 Entre tanto, me ha parecido necesario enviaros al hermano Epafrodito, colaborador y compañero mío de lucha, que vino como embajador vuestro con la misión de socorrerme.

26 Os echaba mucho de menos y estaba inquieto sabiendo que os habíais enterado de su enfermedad.

27 Es cierto que estuvo enfermo y a las puertas de la muerte; pero Dios se apiadó de él, y no solo de él, sino también de mí, no queriendo añadir más tristeza a mi tristeza.

28 Así que me he apresurado a enviároslo para que, al verlo de nuevo, recobréis vuestra alegría y disminuya mi preocupación.

29 Acogedlo, pues, en el Señor, con alegría y estimad a quienes se portan como él;

30 pues, en efecto, por causa de Cristo ha estado a punto de morir, arriesgando su vida para suplir la ayuda que vosotros no podíais prestarme.

II. ADVERTENCIAS Y EXHORTACIONES (3:1–4:9)

La verdadera fuente de salvación

Capítulo 3

1 Por lo demás, hermanos míos, alegraos en el Señor. No me molesta escribiros las mismas cosas, si a vosotros os proporciona seguridad.

2 ¡Ojo con esos perros, con esos perversos agitadores, con esos que se empeñan en mutilarse!

3 ¡Nosotros somos los auténticos circuncidados! ¡Nosotros los que ofrecemos un culto nacido del Espíritu divino! ¡Nosotros los que estamos orgullosos de Cristo Jesús y no hemos puesto en algo humano nuestra confianza!

4 Y eso que yo tengo buenas razones, muchas más que cualquier otro, para poner mi confianza en lo humano:

5 fui circuncidado a los ocho días de nacer, soy de raza israelita, de la tribu de Benjamín, hebreo de pies a cabeza. En lo que atañe a mi actitud ante la ley, fui fariseo;

6 apasionado perseguidor de la Iglesia y del todo irreprochable en lo que se refiere al recto cumplimiento de la ley.

7 Pero lo que constituía para mí un motivo de gloria, lo juzgué deleznable por amor a Cristo.

8 Más aún, sigo pensando que todo es deleznable en comparación con lo sublime que es conocer a Cristo Jesús, mi Señor. Por él renuncié a todo, y todo lo estimo basura con tal de ganar a Cristo.

9 Quiero vivir unido a él, no por la rectitud que viene del cumplimiento de la ley, sino por la que nace de haber creído en Cristo, es decir, la que Dios nos concede por razón de la fe.

10 Quiero conocer a Cristo, experimentar el poder de su resurrección, compartir sus padecimientos y conformar mi muerte con la suya.

11 Espero así participar de la resurrección de entre los muertos.

En busca del premio

12 No quiero decir que haya logrado ya ese ideal o conseguido la perfección, pero me esfuerzo en conquistar aquello para lo que yo mismo he sido conquistado por Cristo Jesús.

13 Y no me hago la ilusión, hermanos, de haberlo ya conseguido; pero eso sí, olvido lo que he dejado atrás y me lanzo hacia delante

14 en busca de la meta, trofeo al que Dios, por medio de Cristo Jesús, nos llama desde lo alto.

15 Esto deberíamos pensar los que presumimos de creyentes. Y si pensáis algo distinto, que Dios os ilumine también en este punto.

16 De todos modos, sigamos adelante por el camino recorrido.

17 Seguid, hermanos, mi ejemplo y fijaos en aquellos que nos han tomado como modelo de conducta.

18 Porque hay muchos que viven como enemigos de la cruz de Cristo; os lo he dicho muchas veces y os lo repito ahora con lágrimas en los ojos.

19 Su paradero es la perdición; su dios, el vientre; su orgullo, aquello que debería avergonzarlos; su pensamiento, las cosas terrenas.

20 Nosotros, en cambio, somos ciudadanos de los cielos y esperamos impacientes que de allí nos venga el salvador: Jesucristo, el Señor.

21 Él será quien transforme nuestro frágil cuerpo mortal en un cuerpo glorioso como el suyo, en virtud de la capacidad que tiene para dominar todas las cosas.

Capítulo 4

1 Así pues, hermanos míos, a quienes tanto amo y tanto añoro: vosotros, que sois mi alegría y mi corona, permaneced firmes en el Señor, queridos.

Exhortaciones

2 A Evodia y a Síntique les pido encarecidamente que se pongan de acuerdo, como cristianas que son.

3 Ayúdalas tú también, fiel compañero, ya que lucharon conmigo por la causa del evangelio, junto con Clemente y el resto de mis colaboradores, cuyos nombres están escritos en el libro de la vida.

4 Vivid siempre alegres en el Señor. Otra vez os lo digo: vivid con alegría.

5 Que todo el mundo os reconozca por vuestra bondad. El Señor está a punto de llegar.

6 Nada debe angustiaros; al contrario, en cualquier situación, presentad a Dios vuestros deseos, acompañando vuestras oraciones y súplicas con un corazón agradecido.

7 Y la paz de Dios, que desborda toda inteligencia, guardará vuestros corazones y vuestros pensamientos por medio de Cristo Jesús.

8 Finalmente, hermanos, apreciad todo lo que sea verdadero, noble, recto, limpio y amable; todo lo que merezca alabanza, suponga virtud o sea digno de elogio.

9 Poned en práctica lo que habéis aprendido y recibido; lo que en mí habéis visto y oído, ponedlo en práctica. Y el Dios de la paz estará con vosotros.

CONCLUSIÓN (4:10-23)

Pablo agradece la ayuda de los filipenses

10 Grande sobremanera ha sido mi alegría como cristiano al comprobar que, después de tanto tiempo, ha vuelto a florecer vuestro interés por mí. Ya sé que lo teníais; lo que os faltaba era la ocasión de manifestarlo.

11 Y no es la necesidad lo que me hace hablar así, pues he aprendido a bastarme en cualquier circunstancia.

12 Tengo experiencia de pobreza y de riqueza. Estoy perfectamente entrenado para todo: para estar harto y para pasar hambre, para nadar en la abundancia y para vivir con estrecheces.

13 Puedo salir airoso de toda suerte de pruebas, porque Cristo me da fuerzas.

14 Con todo, es hermoso que os hayáis solidarizado conmigo en momentos de aflicción.

15 Como bien sabéis, filipenses, cuando comenzó a proclamarse el evangelio y tuve que salir de Macedonia, solo vuestra iglesia me abrió cuenta de «haber» y «debe».

16 Incluso estando yo en Tesalónica, por dos veces me enviasteis ayuda para remediar mi necesidad.

17 Y no es que yo esté buscando donativos; lo que busco son ingresos que aumenten vuestra cuenta.

18 Acuso, pues, recibo de todo, que ha sido más que suficiente. Me siento satisfecho con lo que me habéis enviado por medio de Epafrodito, y que es ofrenda de suave olor y sacrificio que Dios acepta con agrado.

19 Mi Dios, a su vez, rico y poderoso como es, proveerá a todas vuestras necesidades por medio de Jesucristo.

20 Que Dios, nuestro Padre, reciba gloria por siempre. Amén.

Saludos finales

21 Saludad a todo creyente en Cristo Jesús. Os saludan los hermanos que están conmigo,

22 así como todos los demás cristianos, y en particular los de la casa imperial.

23 Que la gracia de Jesucristo el Señor permanezca con vosotros.

LA EPÍSTOLA DEL APÓSTOL SAN PABLO A LOS FILIPENSES

Traducción Reina-Valera 1960

(Reproducido con permiso
de la Sociedad Bíblica Española)

LA EPÍSTOLA DEL APÓSTOL SAN PABLO A LOS FILIPENSES

Salutación

Capítulo 1

1 Pablo y Timoteo, siervos de Jesucristo, a todos los santos en Cristo Jesús que están en Filipos, con los obispos y diáconos:

2 Gracia y paz a vosotros, de Dios nuestro Padre y del Señor Jesucristo.

Oración de Pablo por los creyentes

3 Doy gracias a mi Dios siempre que me acuerdo de vosotros,

4 siempre en todas mis oraciones rogando con gozo por todos vosotros,

5 por vuestra comunión en el evangelio, desde el primer día hasta ahora;

6 estando persuadido de esto, que el que comenzó en vosotros la buena obra, la perfeccionará hasta el día de Jesucristo;

7 como me es justo sentir esto de todos vosotros, por cuanto os tengo en el corazón; y en mis prisiones, y en la defensa y confirmación del evangelio, todos vosotros sois participantes conmigo de la gracia.

8 Porque Dios me es testigo de cómo os amo a todos vosotros con el entrañable amor de Jesucristo.

9 Y esto pido en oración, que vuestro amor abunde aun más y más en ciencia y en todo conocimiento,

10 para que aprobéis lo mejor, a fin de que seáis sinceros e irreprensibles para el día de Cristo,

11 llenos de frutos de justicia que son por medio de Jesucristo, para gloria y alabanza de Dios.

Para mí el vivir es Cristo

12 Quiero que sepáis, hermanos, que las cosas que me han sucedido, han redundado más bien para el progreso del evangelio,

13 de tal manera que mis prisiones se han hecho patentes en Cristo en todo el pretorio, y a todos los demás.

14 Y la mayoría de los hermanos, cobrando ánimo en el Señor con mis prisiones, se atreven mucho más a hablar la palabra sin temor.

15 Algunos, a la verdad, predican a Cristo por envidia y contienda; pero otros de buena voluntad.

16 Los unos anuncian a Cristo por contención, no sinceramente, pensando añadir aflicción a mis prisiones;

17 pero los otros por amor, sabiendo que estoy puesto para la defensa del evangelio.

18 ¿Qué, pues? Que no obstante, de todas maneras, o por pretexto o por verdad, Cristo es anunciado; y en esto me gozo, y me gozaré aún.

19 Porque sé que por vuestra oración y la suministración del Espíritu de Jesucristo, esto resultará en mi liberación,

20 conforme a mi anhelo y esperanza de que en nada seré avergonzado; antes bien con toda confianza, como siempre, ahora también será magnificado Cristo en mi cuerpo, o por vida o por muerte.

21 Porque para mí el vivir es Cristo, y el morir es ganancia.

22 Mas si el vivir en la carne resulta para mí en beneficio de la obra, no sé entonces qué escoger.

23 Porque de ambas cosas estoy puesto en estrecho, teniendo deseo de partir y estar con Cristo, lo cual es muchísimo mejor;

24 pero quedar en la carne es más necesario por causa de vosotros.

25 Y confiado en esto, sé que quedaré, que aún permaneceré con todos vosotros, para vuestro provecho y gozo de la fe,

26 para que abunde vuestra gloria de mí en Cristo Jesús por mi presencia otra vez entre vosotros.

27Solamente que os comportéis como es digno del evangelio de Cristo, para que o sea que vaya a veros, o que esté ausente, oiga de vosotros que estáis firmes en un mismo espíritu, combatiendo unánimes por la fe del evangelio,

28 y en nada intimidados por los que se oponen, que para ellos ciertamente es indicio de perdición, mas para vosotros de salvación; y esto de Dios.

29 Porque a vosotros os es concedido a causa de Cristo, no sólo que creáis en él, sino también que padezcáis por él,

30 teniendo el mismo conflicto que habéis visto en mí, y ahora oís que hay en mí.

Humillación y exaltación de Cristo

Capítulo 2

1 Por tanto, si hay alguna consolación en Cristo, si algún consuelo de amor, si alguna comunión del Espíritu, si algún afecto entrañable, si alguna misericordia,

2 completad mi gozo, sintiendo lo mismo, teniendo el mismo amor, unánimes, sintiendo una misma cosa.

3 Nada hagáis por contienda o por vanagloria; antes bien con humildad, estimando cada uno a los demás como superiores a él mismo;

4 no mirando cada uno por lo suyo propio, sino cada cual también por lo de los otros.

5 Haya, pues, en vosotros este sentir que hubo también en Cristo Jesús,

6 el cual, siendo en forma de Dios, no estimó el ser igual a Dios como cosa a que aferrarse,

7 sino que se despojó a sí mismo, tomando forma de siervo, hecho semejante a los hombres;

8 y estando en la condición de hombre, se humilló a sí mismo, haciéndose obediente hasta la muerte, y muerte de cruz.

9 Por lo cual Dios también le exaltó hasta lo sumo, y le dio un nombre que es sobre todo nombre,

10 para que en el nombre de Jesús se doble toda rodilla de los que están en los cielos, y en la tierra, y debajo de la tierra;

11 y toda lengua confiese que Jesucristo es el Señor, para gloria de Dios Padre.

Luminares en el mundo

12 Por tanto, amados míos, como siempre habéis obedecido, no como en mi presencia solamente, sino mucho más ahora en mi ausencia, ocupaos en vuestra salvación con temor y temblor,

13 porque Dios es el que en vosotros produce así el querer como el hacer, por su buena voluntad.

14 Haced todo sin murmuraciones y contiendas,

15 para que seáis irreprensibles y sencillos, hijos de Dios sin mancha en medio de una generación maligna y perversa, en medio de la cual resplandecéis como luminares en el mundo;

16 asidos de la palabra de vida, para que en el día de Cristo yo pueda gloriarme de que no he corrido en vano, ni en vano he trabajado.

17 Y aunque sea derramado en libación sobre el sacrificio y servicio de vuestra fe, me gozo y regocijo con todos vosotros.

18 Y asimismo gozaos y regocijaos también vosotros conmigo.

Timoteo y Epafrodito

19 Espero en el Señor Jesús enviaros pronto a Timoteo, para que yo también esté de buen ánimo al saber de vuestro estado;

20 pues a ninguno tengo del mismo ánimo, y que tan sinceramente se interese por vosotros.

21 Porque todos buscan lo suyo propio, no lo que es de Cristo Jesús.

22 Pero ya conocéis los méritos de él, que como hijo a padre ha servido conmigo en el evangelio.

23 Así que a éste espero enviaros, luego que yo vea cómo van mis asuntos;

24 y confío en el Señor que yo también iré pronto a vosotros.

25 Mas tuve por necesario enviaros a Epafrodito, mi hermano y colaborador y compañero de milicia, vuestro mensajero, y ministrador de mis necesidades;

26 porque él tenía gran deseo de veros a todos vosotros, y gravemente se angustió porque habíais oído que había enfermado.

27 Pues en verdad estuvo enfermo, a punto de morir; pero Dios tuvo misericordia de él, y no solamente de él, sino también de mí, para que yo no tuviese tristeza sobre tristeza.

28 Así que le envío con mayor solicitud, para que al verle de nuevo, os gocéis, y yo esté con menos tristeza.

29 Recibidle, pues, en el Señor, con todo gozo, y tened en estima a los que son como él;

30 porque por la obra de Cristo estuvo próximo a la muerte, exponiendo su vida para suplir lo que faltaba en vuestro servicio por mí.

Prosigo al blanco

Capítulo 3

1 Por lo demás, hermanos, gozaos en el Señor. A mí no me es molesto el escribiros las mismas cosas, y para vosotros es seguro.

2 Guardaos de los perros, guardaos de los malos obreros, guardaos de los mutiladores del cuerpo.

3 Porque nosotros somos la circuncisión, los que en espíritu servimos a Dios y nos gloriamos en Cristo Jesús, no teniendo confianza en la carne.

4 Aunque yo tengo también de qué confiar en la carne. Si alguno piensa que tiene de qué confiar en la carne, yo más:

5 circuncidado al octavo día, del linaje de Israel, de la tribu de Benjamín, hebreo de hebreos; en cuanto a la ley, fariseo;

6 en cuanto a celo, perseguidor de la iglesia; en cuanto a la justicia que es en la ley, irreprensible.

7 Pero cuantas cosas eran para mí ganancia, las he estimado como pérdida por amor de Cristo.

8 Y ciertamente, aun estimo todas las cosas como pérdida por la excelencia del conocimiento de Cristo Jesús, mi Señor, por amor del cual lo he perdido todo, y lo tengo por basura, para ganar a Cristo,

9 y ser hallado en él, no teniendo mi propia justicia, que es por la ley, sino la que es por la fe de Cristo, la justicia que es de Dios por la fe;

10 a fin de conocerle, y el poder de su resurrección, y la participación de sus padecimientos, llegando a ser semejante a él en su muerte,

11 si en alguna manera llegase a la resurrección de entre los muertos.

12 No que lo haya alcanzado ya, ni que ya sea perfecto; sino que prosigo, por ver si logro asir aquello para lo cual fui también asido por Cristo Jesús.

13 Hermanos, yo mismo no pretendo haberlo ya alcanzado; pero una cosa hago: olvidando ciertamente lo que queda atrás, y extendiéndome a lo que está delante,

14 prosigo a la meta, al premio del supremo llamamiento de Dios en Cristo Jesús.

15 Así que, todos los que somos perfectos, esto mismo sintamos; y si otra cosa sentís, esto también os lo revelará Dios.

16 Pero en aquello a que hemos llegado, sigamos una misma regla, sintamos una misma cosa.

17 Hermanos, sed imitadores de mí, y mirad a los que así se conducen según el ejemplo que tenéis en nosotros.

18 Porque por ahí andan muchos, de los cuales os dije muchas veces, y aun ahora lo digo llorando, que son enemigos de la cruz de Cristo;

19 el fin de los cuales será perdición, cuyo dios es el vientre, y cuya gloria es su vergüenza; que sólo piensan en lo terrenal.

20 Mas nuestra ciudadanía está en los cielos, de donde también esperamos al Salvador, al Señor Jesucristo;

21 el cual transformará el cuerpo de la humillación nuestra, para que sea semejante al cuerpo de la gloria suya, por el poder con el cual puede también sujetar a sí mismo todas las cosas.

Regocijaos en el Señor siempre

Capítulo 4

1 Así que, hermanos míos amados y deseados, gozo y corona mía, estad así firmes en el Señor, amados.

2 Ruego a Evodia y a Síntique, que sean de un mismo sentir en el Señor.

3 Asimismo te ruego también a ti, compañero fiel, que ayudes a éstas que combatieron juntamente conmigo en el evangelio, con Clemente también y los demás colaboradores míos, cuyos nombres están en el libro de la vida.

4 Regocijaos en el Señor siempre. Otra vez digo: ¡Regocijaos!

5 Vuestra gentileza sea conocida de todos los hombres. El Señor está cerca.

6 Por nada estéis afanosos, sino sean conocidas vuestras peticiones delante de Dios en toda oración y ruego, con acción de gracias.

7 Y la paz de Dios, que sobrepasa todo entendimiento, guardará vuestros corazones y vuestros pensamientos en Cristo Jesús.

En esto pensad

8 Por lo demás, hermanos, todo lo que es verdadero, todo lo honesto, todo lo justo, todo lo puro, todo lo amable, todo lo que es de buen nombre; si hay virtud alguna, si algo digno de alabanza, en esto pensad.

9 Lo que aprendisteis y recibisteis y oísteis y visteis en mí, esto haced; y el Dios de paz estará con vosotros.

Dádivas de los filipenses

10 En gran manera me gocé en el Señor de que ya al fin habéis revivido vuestro cuidado de mí; de lo cual también estabais solícitos, pero os faltaba la oportunidad.

11 No lo digo porque tenga escasez, pues he aprendido a contentarme, cualquiera que sea mi situación.

12 Sé vivir humildemente, y sé tener abundancia; en todo y por todo estoy enseñado, así para estar saciado como para tener hambre, así para tener abundancia como para padecer necesidad.

13 Todo lo puedo en Cristo que me fortalece.

14 Sin embargo, bien hicisteis en participar conmigo en mi tribulación.

15 Y sabéis también vosotros, oh filipenses, que al principio de la predicación del evangelio, cuando partí de Macedonia, ninguna iglesia participó conmigo en razón de dar y recibir, sino vosotros solos;

16 pues aun a Tesalónica me enviasteis una y otra vez para mis necesidades.

17 No es que busque dádivas, sino que busco fruto que abunde en vuestra cuenta.

18 Pero todo lo he recibido, y tengo abundancia; estoy lleno, habiendo recibido de Epafrodito lo que enviasteis; olor fragante, sacrificio acepto, agradable a Dios.

19 Mi Dios, pues, suplirá todo lo que os falta conforme a sus riquezas en gloria en Cristo Jesús.

20 Al Dios y Padre nuestro sea gloria por los siglos de los siglos. Amén.

Salutaciones finales

21 Saludad a todos los santos en Cristo Jesús. Los hermanos que están conmigo os saludan.

22 Todos los santos os saludan, y especialmente los de la casa de César.

23 La gracia de nuestro Señor Jesucristo sea con todos vosotros. Amén.

SOBRE LA AUTORA

Lidia Martín Torralba es psicóloga de profesión
y trabaja atendiendo adultos y familias
desde hace 20 años en Madrid (España).

Es también autora de varios libros
y conferenciante habitual en diversos medios.

Su labor es conocida especialmente en el
contexto cristiano evangélico español
por su aportación desde la doble perspectiva
de la disciplina profesional y la fe.

Para más información puedes visitar
www.lidiamartin.com

www.ingramcontent.com/pod-product-compliance
Lightning Source LLC
Chambersburg PA
CBHW071216240726
48654CB00009B/809